Ricardo Vergara
Ediciones

**Ricardo Vergara
Ediciones**

Raúl A. Yafar

Amor y Función Paterna
en Psicoanálisis

**Ricardo Vergara
Ediciones**

Yafar, Raúl A.
    Amor y función paterna en psicoanálisis /
Raúl A. Yafar. - 1a ed . - Ciudad Autónoma de
Buenos Aires :
RV Ediciones, 2019.
    128 p. ; 20 x 14 cm.

    1. Clínica Psicoanalítica. 2. Teoría Psicoanalítica.
I. Título.
    CDD 150.195

Coordinación de Producción y Edición: Ricardo Vergara
Te: 116-231-2760
email:vergararav@gmail.com
Facebook: Ricardo Vergara
Buenos Aires, República Argentina

Ilustración de tapa por Silvia De Bernardi:
Metafísica del amor, que fue expuesto en Moscú.
E-mail: debernardi@fibertel.com.ar

Para comunicarse con el autor:
E-mail: ryafar@hotmail.com

Queda hecho el depósito que marca la ley 11.723
Impreso en Argentina - Printed in Argentina
Impreso en Imprenta Dorrego, Ciudad de Buenos Aires
en el mes de noviembre de 2019

Indice

Dedicatorias

a B.

Introducción

Amor y Función paterna en Psicoanálisis: el primer tema remite a la constitución del Yo en las etapas más tempranas, pero se extiende a todas las metamorfosis de la vida del sujeto; el segundo, a la estrategia con la que se constituye su posición deseante y a las posibilidades del goce en su sexuación.

Estos dos epicentros de teorización se enlazan e irradian hacia otros subtemas que hemos de recorrer paso a paso.

CAPÍTULO 1

Secreto, intimidad, vergüenza y misterio

Tomaré para empezar mis temas en su punto límite. No se tratará de las distintas características de la pasión o de su diferenciación del amor narcisista, ni de las mixturas que ella tiene y retiene con el deseo y el goce.

Tampoco de una pretendida ---- muy difícilmente discernible, por otro lado --- clasificación o listado de las pasiones posibles. Muchos, antes que nosotros, han pensado el tema en extensión. Lacan, muy tempranamente, por poner un ejemplo que nos interesa, apoyándose en el Budismo piensa las pasiones del Ser numerables como tres: la del amor, la del odio y la de la ignorancia. Cada una, obviamente, merecería en sí misma todo un texto que las caracterizase, intentando diferenciarlas de la perspectiva conque las estudia el psicoanálisis.

No iré, entonces, por esos frentes tan elementales de la conceptualización. Avanzaré por los bordes, por los lindes y márgenes intentando atisbar algo diferente, menos remanido en este libro.

Me interesan las consecuencias, por los efectos colaterales que toda pasión tiene. Por aquello que la acompaña, la reviste, recubre sus expectativas, lo que genera entre los sujetos su confrontación al modo de corolarios, ramificaciones, secuelas, climas siempre prestos a evaporarse y sustituirse entre sí.

Veremos ahora entonces un desarrollo de cuatro ítemes distintos, todos muy interesantes a mi entender. El secreto que se cobija en algunas atmósferas, pero que también importa a las condiciones mismas del psicoanálisis; la intimidad como espacio productivo del sujeto, revelador de su subjetividad más delicada; la vergüenza y su relación con la producción de la castración; y el misterio que es --- en cuanto tal --- todo prójimo para cada hablante.

La primera de estas novedosas categorías será desarrollada en extenso y, a partir de allí, las otras tres se deberán apoyar en ella para contraponérsele como alternativas. Estas últimas son mucho más interesantes para el psicoanálisis que la primera, típicamente neurótica.

Vertientes del Secreto

La temática del secreto ha hecho su ingreso en el psicoanálisis casi desde su constitución misma. Trasladándose desde la idea de "secreto profesional", originada en las profesiones liberales, se transformó en secreto analítico como tal. Considerar si el psicoanálisis es una profesión o no; si se "profesa" algo y qué cosa es; y si se trata de un oficio del que el analista sería el "oficiante", son temas que no deberíamos dejar de lado.

Voy a dejar en este breve capítulo de lado dos cosas: para empezar, el ríspido tema de la difusión pública (ateneos, conferencias, publicaciones) de los materiales clínicos relativos a analizantes ---- donde la expectativa diferida "hasta que los tratamientos terminen" sólo pospone lo que sigue siendo un tema de controversia; en segundo lugar, alguna peregrina idea ---- que he escuchado más de una vez ---- de que el deseo es siempre "secreto" pues se hurta metonímicamente a la palabra --- o algo así ---, donde la consideración supuestamente "estructural" está puesta al servicio de no pensar nada, pues toda diferencia conceptual termina despeñándose en la más pura ubicuidad. Se ve el horizonte de un modo obsesivo de hurtarse al deseo que subyace a esta caracterización.

En realidad, desde el punto de vista del conocimiento sobre otro no veo qué podría contarnos un analista sobre un sujeto que no esté determinado en las generales de la ley de cualquier lazo entre parlantes. Y desde el punto de vista de los efectos de saber en el lugar la verdad, efectos tan singulares, no veo que aún los podamos trasmitir en una generalidad científica. Por último, si algo hay para testimoniar de un análisis se supone que eso lo hará quien ha devenido analista a través de ella.

Creo que este tema tiene otras vertientes interesantes a considerar. Incluso, como intentaré hacer, nociones con las cuales contraponerse. Tres puntos, entonces, a destacar en una primera mirada: 1°) aquello que permite confundir muchas al psicoanálisis con una "confesión" --- en todos los sentidos del término ---, 2°) el secreto con relación a la posibilidad del disfrute en la sexualidad y 3°) el secreto con relación a la perspectiva ético-moral. Tres puntos que, como se verá, se conectan ínsitamente entre sí.

1°) Como pacto (explícito o implícito) lo que en la sesión se diga... "quedará", como un saber conciente o preconciente --- mezcla de datos e impresiones subjetivadas ----, exclusivamente entre los protagonistas del encuentro. Esto se sostiene en la proposición clásica, la regla de libre asociación, que sintéticamen-

te apuesta a que el "paciente" se torne "analizante".
Ella afirma que éste debe decir lo que se le ocurra,
sin omitir ni censurar nada en ello, lo que implica....
que cuente todos sus "secretos". Pero esto va más allá
aún, pues el saber "producido" por el trabajo analítico
descubrirá otras articulaciones posibles de la cadena
histórica del analizante y estos "secretos" no sabidos,
sepultados por la represión en un "pasado" que recién
allí devendrá historia, tampoco serán aprovechados
públicamente. El hilo subjetivo aquí no se tramaría
sólo con significantes, sino con cadencias de goce des-
hilvanadas, antes apresadas en ese congelamiento que
es el síntoma. Pero, como sea, si el método deviene a
los ojos del tercero una incitación curiosa, allí asoma
la idea de confesión religiosa. Cuando la asociación
libre deja de ser libre, encarcelada se erotiza y los demonios fisgones hacen "de las suyas". Se espera que el
analista no sea su cómplice, ni siquiera su "compinche". De última jamás su sacerdote, sino en todo caso
el secretario que redacta su producción.

2°) Hay otra vertiente en conexión con la sexualidad, donde la realización de y en lo secreto implica
la única atmósfera que permite sostener la actividad
pulsional, en tanto que ésta puede ser vivida placen-
teramente. Sabemos que un tópico casi universal de
los hallazgos del psicoanálisis es que por la vía de
la clandestinidad y la exacerbación del apetito gozo-
so que ésta provoca, ese disfrute ---- que se pretende
sustraído al y del Superyó ---- hizo una entrada muy
precoz en la conceptualización del psicoanálisis. Hay
una línea importantísima de la clínica que se refiere a
lo que Freud llamaba degradación de la vida amorosa.
Casos donde el deseo se sostiene mal, disperso, errático, dificultado por cualquier detalle, a veces insigni-

ficante.... salvo que se haga consistente por la vía de la ocultación. Esto es descripto por Freud como algo más típico del erotismo femenino, pero no le es exclusivo en mi experiencia. Aquí el secreto no es personal ---- lo que podría relacionarse con la particularidad del sujeto, trabajando "a favor" de éste ---, sino que atañe a la atmósfera, al marco, a las condiciones del contexto del erotismo. Pero además implica algo que se hace "contra" un tercero, un pequeño otro, en apoyatura de su ausencia, sosteniéndose en el filo de su existencia, aunque sea en las penumbras. Aunque ese otro sea virtual, pues puede muy bien ser un marido "evaporado" o un padre directamente fallecido.

El otro es entonces un tercero, muy "bobo" pero atento, que encubre a sus espaldas ---- es decir, mirando hacia fuera, pero apostándose en el umbral del dormitorio ---- lo que del placer puede ser posible, legitimado, enmarcado. El otro como marco del velo de la fantasía que no se sostiene, sino con él como testigo ciego. Sólo así el placer encuentra sus vías, su aparente destino, una fugacidad que, fundamentalmente y de todos modos, sea intensidad soportable.

3°) Todas aquellas vicisitudes de la vida que implican no sólo la trasgresión de la costumbre, sino el delito franco son un terreno donde el analista siempre corre el riesgo de "tropezar". El analista coparticipa no sólo de las infidelidades y diversas mentiras cotidianas de los pacientes, sino que puede escuchar la confesión de un hurto o incluso de un asesinato. ¿Cuál es el punto --- si es que éste existe ---- más allá de cual ya no es posible escuchar? ¿Es solamente algo particular, propio del quehacer de cada analista en su cotidiana dificultad, o hay una ética que la comunidad analítica debe discutir en su conjunto?

En una reflexión más general, que se puede enlazar con los dos puntos anteriores: el tema de la represión durante los años oscuros de nuestra historia nos ha traído dolorosos ejemplos y discusiones al respecto. ¿Se puede/debe atender o no a un represor? ¿y a un mero golpista? ¿y al que confiesa en análisis que está por participar de un operativo o atentado ilegal, aunque éste tenga motivaciones ideológicas? Y sin introducirnos en la política: ¿qué hacer, como mencionaba recién, si se nos comunica un asesinato? ¿ o tan sólo un robo ---- y no me refiero a un acting out aislado o repetido por angustia, al estilo del cuadro de la llamada cleptomanía ---- donde es afectado muy gravemente un tercero?

Esto entronca con el vasto tema de qué hacemos los analistas con las acciones usualmente llamadas canallescas: ¿hay diferencia conceptual para nuestros oídos analíticos entre una infidelidad entramada en un deseo y una más bien compulsiva, repetitiva, ostentosa hasta la crueldad? ¿Hay diferencia entre un enlace imaginario, mutuamente adictivo, basado en una provocación neurótica ---- aunque la agresividad sea de tono muy alto --- y un daño corporal propinado en condiciones de neta superioridad física --- incluso una violación ----?

Y el tema es más complejo: aquellos materiales donde es fragrante que un progenitor goza de un hijo (como siempre, impunemente), y no es éste el analizante ---- como niño o adulto que rememora ----, sino que escuchamos al agente activo de ese acto, que es relatado con culpa y/o delectación... ¿Dónde está el borde de los secretos desde el cual habría que saltar hacia fuera, cuando nuestra práctica se teje siempre en las mallas de todos ellos? Repito, ¿dónde está ese borde?

Porque claro está, se me dirá --- retorno de la ubicuidad ----, en la medida en que en la escucha flotante todo significante deja de ser privilegiado a nivel de su aparente significación de signo, en realidad, lo que termina ocurriendo es que todo secreto se evapora como tal. Un secreto es aquello que tiene significación densa. Porta con el peso de su contenido. Y el secreto en psicoanálisis, siempre una de las figuras obscenas del goce superyoico, tiende a no existir.

El problema es que pese a todo, hay secretos..... y secretos. Porque hay secretos que duelen y habría que escucharlos con un oído "ligero", pero no ingenuo.

Voy a contraponer ahora el secreto a tres nociones que me resultan como apertura todavía más interesantes.

Intimidad: espacio del sujeto

En primer lugar quisiera contraponer ahora a la noción de secreto ---- en todas sus vertientes, profesionales, psicoanalíticas, clínico-neuróticas ---- otra noción mucho más interesante.

Y lo hago dado que éste siempre implica ---- y de este modo se manifiesta --- un matiz siempre ambiguo, prófugo, incluso obsceno como ya dije. Me refiero a la pobremente considerada noción de intimidad.

Íntimo es el espacio propio del sujeto. Por ejemplo, el que es desplegado en sesión: espacio que recrea el punto de verdad de toda realización subjetiva. Se queremos pensarlo como meollo del deseo, en él se anticipa la certeza de todo acto que tenga consecuencias.

Podemos trazar un arco que se subtiende desde 1) el juego en la infancia hasta 2) la inspiración artística, desde 3) la efusión religiosa hasta el 4) descanso de los amantes después del amor.

Winnicott captó bien que la intimidad es propia porque es apropiada, que el desgaste del cuerpo demanda como correlato subjetivo un respeto por la delimitación inexpugnable de los fantasmas singulares, respeto del que el psicoanálisis ha hecho, la llamemos así o no --- de acuerdo al marco teórico en el que abrevemos ---, una ética.

El psicoanálisis brota de la intimidad, ésta se aloja en él y le es copartícipe.

Digamos que siempre que en el curso de un análisis: 1) se recortan los resabios de una repetición infantil endemoniada --- donde el goce de la pulsión mal estructurada la ha oscurecido, arrojándola a la mera semejanza ----; siempre que 2) deja de atronar el narcisismo en su ridículo, pues cuando es solamente gesto vacío se contrapone a la afirmación subjetiva --- que no es siempre ego-céntrica ----; siempre, digo, que se recorta 3) la ferocidad del Superyó, enemigo de la castración donde se realiza la apuesta del sujeto; siempre, siempre que el psicoanálisis logra sus fines... entonces 4) disminuye el secreto y se elevan las esferas del deseo al espacio de la intimidad.

Intimidad no implica soledad real, pues hay intimidad compartida: es decir, la que se da en el encuentro de cada uno con "cada sí mismo", pero en contacto con otro que es plenamente "otro" en su alteridad más singular.

Allí, el goce del deseo, lo que llamamos castración, se hace escena del sujeto. La intimidad realizada abole la diferencia entre lo público y lo privado. Y si va más allá de esa trampa es porque es despliegue del sujeto en relación consigo mismo. Aunque ese despliegue sea en fuga, un disparo-novedad que se hace huella antes de desaparecer esperando un nuevo juego.

Vergüenza y localización subjetiva

La tercera noción que quiero trabajar es crucial en la ética del psicoanálisis. Lacan se ocupó de ella en innumerables ocasiones, incluso algunos seminarios finalizan con una expectativa de Lacan de que su enseñanza sea esencialmente capaz de generarla en el auditorio. Es la señal más clara de la emergencia del sujeto barrado por la experiencia del trazado en acto de la pulsión.

Nuestra cultura, enemiga de la pulsión, no delimita las diferencias entre la vergüenza y la pacatería, el remilgo, las conductas melindrosas. La pacatería, supuesta forma de moderación, es esa vocación por ahondar los secretos llevándolos hasta la frontera del Superyó, lugar hasta donde se empuja al sujeto para acorralarlo. Y es meramente una contracara, en negativo, de la conducta impúdica, "zarpada", mostrativa. La pacatería, que es falsa delicadeza, que parece "tacto" ---- pero no contiene pudor, sino codicia ----, tiene por hijo al acting-out.

La vergüenza está más cerca de convocar la ternura, llama a la intimidad de sí mismo que el otro, con su don acongojado, puede brindarnos. La vergüenza puede convocar a la solidaridad. Al éxtasis y al encuentro de la falta de cada uno ante cada uno, que en ella se reconoce universal. Todos hemos nacido avergonzados por el lenguaje --- se observa que no dije "pecadores" ante el Otro divino ---.

Por eso la vergüenza está más cerca de la manifestación casi física de sentimientos, de esos momentos donde no se ha podido evitar "existir" subjetivadamente ante el otro --- sea un analista, un amigo, un amante ----, un otro que atestigua de lo que así se suscita. La vergüenza está más cerca del sonrojo, de la torpeza, de perder cualquier idea de completud, soberbia o falsa superioridad.

Está más cerca de un actuar "casi" sin poder evitarlo y avergonzarse porque algo se expresó más allá de las intenciones yoicas. Más cerca de algo que (nos) rebasa, pero que roza lo más propio de cada uno.

Un primer gesto inaugural es siempre el primero que uno da, pues es un asombro que renace igual, igual, igual que la primera vez.

No hay experiencia que sea cuantificable "en" y "del" lazo transferencial (amoroso), hay sólo experiencias puntuales "de" amor --- una de ellas es la que proviene de la pulsación del inconsciente ----, que obran de cortes en la vida del sujeto. Y atravesarlas es lo que da pudor.

Cuando en la neurosis se cultiva la moralina y el remilgo ---- lo que hace al sujeto súbdito del Superyó ----, aparentemente opuestos a la ostentación --- aunque sólo son su contracara imaginaria ----, intentando ampararse más allá de toda vergüenza, siempre se termina quedando más acá del deseo del sujeto.

En síntesis, a) el pudor y su demonio indicador de la revelación phallofánica; b) la vergüenza como marca de la división subjetiva; c) la sorpresa como vocación por el hallazgo; d) el embarazo ante los ruegos del ideal del Yo; son todos, en suma, fenómenos clínicos inapreciables --- podríamos agregar la risa en otro registro ---- en los que se indica al analista la localización del sujeto.

Son todos nombres, más que adecuados, de ese instante cuando se consigue modular la angustia.... subjetivándola, sea en el análisis ---- donde ese afecto es guía de la clínica ----, sea por fuera de éste, en la vida deseante de cada uno.

El otro y su misterio

Por último el misterio. Cuando, apartándose del semejante, el sujeto se hace no culpable, sino "socio" silencioso de su mirada justificada, cuando consigue deslindarse de los lazos "simbióticos" ---- es decir, del ámbito del llamado por Winnicott "objeto subjetivo" ---, se ha producido la revelación del misterio. De su misterio.

Allí puede irrumpir la alteridad irreductible del prójimo-próximo. El otro es un "altero", una distancia sin medida --- no por infinita, sino por no mensurable ---. Con ello se abre el área de su enigma, sea como testimonio inquietante, como pausa, como incógnita a (no) revelar.

Destaquemos dos ámbitos. Por un lado, el del amor, el del don de dar lo que no se tiene, el del acto de confluencia de lo que no se superpone, pues roza lo insondable de cada cual, tanto en el amado como en el amante-donante. Por el otro, en el silencio de cada sesión --- y no hablo de cualquier silencio, así como hay múltiples formas del llanto, hay infinidad de matices en el silencio ---- acontece lo que Lacan llama el sentimiento de la "presencia" del analista. Observemos que no dice el "afecto", sino el sentimiento. Se trata de algo, digamos, más ligado a lo "experiencial".

Este súbito presentarse de lo innominado-innominable que, a través de su corporeidad, sobrepasándolo, lo torna testigo de la alteridad absoluta del único punto donde el Otro, yendo más allá de su persona, se hace asintóticamente vecino pero extraño para siempre.

Es decir, para siempre partenér ignoto en esa tragicomedia íntima de la vida que gira en torno a lo imposible de saber, en enunciaciones del sujeto donde éste calla para retumbar mucho mejor --- si es escuchado ---, en cada uno de esos instantes donde la verdad intenta decirse a través de raros encuentros.

Insólitos, abruptos, a veces salvajes... pero imborrables.

Capítulo 2

La Crueldad y la Ternura

Intentaré adentrarme en la teoría psicoanalítica con una reflexión sobre otros dos tópicos muy poco explorados. Esto obedece, a mi juicio, a dos razones: no se ha considerado necesario examinar sus características más salientes por suponerlos foráneos al psicoanálisis --- del orden de lo psicológico, filosófico, ideológico ---- o se los ha subsumido, incluyéndoselos coloquialmente, entre otros temas más usuales de la teoría del mismo. Creo que sería mejor no minimizar ni retroceder con respecto a su conceptualización, por lo que deberé avanzar especificando constantemente aquello de lo que se trata, deslindando estas sutiles materias.Se trata de la crueldad y de la ternura.

Para ello deberíamos eludir al menos dos tentaciones que nos apartarían de este intento:

1°) Confundir estos temas con dos destinos de la pulsión, bastante más teorizados, tanto en la obra de Freud como en la de Lacan: la perversión y la sublimación. En la obra de D. W. Winnicott, si seguimos la línea de la exploración del juego, del arte y, desde allí, la de la cultura en general, también tenemos un material teórico muy importante.

2°) Confundirlos, y esto es más obvio, con las descripciones más conocidas del amor y del odio especulares, imaginarios, narcisistas, las llamadas --- ver capítulo anterior --- "pasiones del yo", es decir, todo aquello que se sitúa en el terreno de la fundación-institución del Estadio del Espejo.

No me voy a referir a ninguna de estas dos cosas, y si voy a pensar en términos de pasiones lo haré con un sentido mucho más específico que el usual. Pido un esfuerzo al lector para intentar explicarle --- en estos desarrollos que siguen --- que estas dos conductas o actos no se comprenden en los dos avatares pulsionales recién citados, así como tampoco en los derroteros de la relación dual con el semejante y que, si creo que merecen mucha mayor atención de la usual, es porque son las dos posiciones "pasionales" cruciales en la existencia.

Es decir, la crueldad y la ternura... ambas pensadas como los dos centros de la vida deseante del parlante.

Ahora bien, ¿quién sino el analista debiera contar con los recursos para pensar las infinitas formas del Deseo, especialmente cuando éste, o bien no contiene el tope de la Ley para dirigirse a la criatura humana, es decir, cuando se presenta purificado de toda demanda de amor y se torna cruel; o bien se posiciona opuestamente, dejando de lado el narcisismo para propiciar la apuesta de la generación novedosa, tierna, de una subjetividad naciente?

Sin embargo, nosotros creemos que pensar la creación y la destrucción de lo subjetivo no es tan sencillo....

Algunas distinciones

Sólo unas breves palabras, entonces, sobre esos dos temas que he excluido en este capítulo. No será necesario recordar los avatares de la relación especular, del amor-odio imaginarios, del "odioenamoramiento" --- como lo llama Jacques Lacan ---, ya que son de sobra muy conocidos y sobre ellos el lector puede encontrar información en innumerables lugares. Pero sí daremos, primeramente, un rodeo para recordar y aclarar un poco de lo que se trata en los destinos de la pulsión no represivos, es decir, la sublimación y la perversión, pues queremos sentar posición con respecto de ellos.

1°) Con respecto a la sublimación habría que destacar varias cosas ---- todas merecerían desarrollos más extensos, pero me conformaré con citarlas brevemente ----:

a) la sublimación no debería ser considerada --- y hay indicaciones al respecto en varios seminarios de Lacan ---- sólo artística, sino científica, religiosa, e incluso como algo que se juega en todas las múltiples actividades cotidianas de un sujeto, incluso en las sexuales.

b) la sublimación tiene un aspecto ligado a lo real del sujeto y otro a su ideal: el primero se refiere a la angustia y a la inspiración; y el segundo, el sistema de los Ideales del Yo --- por lo que el sujeto puede ser víctima, cuando se extreman sus exigencias, y esto es de sobra conocido, de los caprichos del Superyó ----.

c) El tema de la posición del artista concierne al concepto de sublimación de un modo muy complejo, que se imbrica a los de posición femenina y amor como "don de lo que no se tiene", pero está pobremente trabajado en psicoanálisis, mientras que el de la obra de arte en sí ha recibido una profunda teorización en la obra de Lacan, especialmente a partir de sus lecturas de Martín Heidegger.

d) Como sea, no hay un concepto metapsicológico en psicoanálisis que describa claramente, a mi juicio, qué ocurre en el aparato psíquico cuando un sujeto "sublima". Este confuso término se usa por aproximación y, en realidad, tiene dos orígenes distintos: uno religioso-espiritual y otro que proviene de la química ---- lo sólido se sublimaría en lo gaseoso sin pasar por lo líquido, como el alcanfor o naftalina ----. La verdad es que ninguno nos sirve para demasiado.

2°) Con respecto a la perversión, por más esfuerzos que realicemos para pulir el concepto de Verleugnung, traducido por "renegación" o "desmentida", es realmente un trabajo inútil. Sencillamente porque no se trata de un concepto, sino de varios. Dejemos de lado que Freud comienza por asociarlo a las psicosis y luego lo aproxima vacilantemente a la perversión --- aunque no del todo ----: esto podría deberse al movimiento mismo de su avance conceptual o una elección teórica premeditada.

El problema es otro: intentar abrazar este concepto a un rígido sostén de la consideración diagnóstica estructural no alcanza para anular la furiosa cantidad de matices, contradicciones e infinitos recovecos lógicos que despistan al lector.

Si recorremos a vuelo de pájaro la obra de Freud, éste usa el término: a) como negación simple, b) como percepción errónea, c) como no "comprobación" de lo percibido, d) como increencia o creencia traspuesta, e) ora relativo a la castración materna, ora a la muerte del propio ser, f) como un mero "no querer saber", g) como un "no darse por enterado", h) como un generador de repetición "demoníaca", i) como opuesto a la disolución (Untergang) y al duelo, j) como intento de borrado de huellas, k) como "no extracción" de conclusiones lógicas, l) incluso, como mero desplazamiento psicológico de la atención.

Etc, etc, etc. Se observa simple vista que se trata de cosas desaforadamente distintas. Es obvio que el creador del psicoanálisis no se refiere a un concepto unificable. Si intentásemos una primera y más clara ordenación, nosotros preferíamos distinguir:

a) no poder creer algo, sencillamente porque choca con algún Ideal amoroso, es decir, narcisista.

b) no poder soportarlo por la angustia que genera --- y de allí el descreimiento posterior ----, lo cual pone en juego más directamente al objeto que al significante.

c) un tiempo de suspensión donde el sujeto no se da por enterado de lo percibido, pero no lo desmiente (todavía).

d) la mera desmentida, pública incluso, de algo dicho.

e) el tema mannoniano de "ya lo sé, pero sin embargo...." ---- que tampoco es lo mismo que "ya lo sé, pero no me importa" ---.

f) el borrar las huellas --- la temática del crimen perfecto ----, que liga, como bien lo vio Freud en "Moisés y la religión monoteísta", a la repetición más allá del principio del placer.

g) las conexiones subjetivas que existen entre la renegación de la mismísima existencia viviente del otro con la segunda muerte sadeana ---- y los trágicos ejemplos entonces de los desaparecidos y la negación de la institución apropiada de sus tumbas ----.

h) las propuestas fundamentalistas que beben ávidamente de aquella fórmula de la sexuación que dice "no hay uno que no" --- en este caso, "no hay uno que no... obedezca a mi Dios" -----.

i) la adjuración renegatoria de la pertenencia a cierto tránsito vital que es repudiado.

Y esto sólo para citar algunos ejemplos, donde casi aún no hemos hablado de la perversión propiamente dicha. Podríamos (quizás) duplicarlos. Como sea, cada uno de estos matices y submatices merecería una teorización más acabada, que haría estallar el supuesto "concepto" freudiano en un gran número de fructíferos pedazos.

Ahora bien, toda esta riqueza ha permanecido inexplorada. Lacan teorizó lenta y arduamente la perversión de muchos modos, que fueron decantando en un cuadro mucho más estilizado y específico al respecto. Además demoró un gran número de Seminarios para concluir en un panorama algo más clarificado de esa determinada posición subjetiva.

Pero eso sí, nunca lo hizo usando demasiado el concepto de Verleugnung.

Ni perverso ni sublime

¿Por qué me interesa destacar todo esto? Porque si nos olvidamos del amor y del odio comunes, intrínsecos al yo, cotidianos, universales; si nos olvidamos de la espiritualidad de la sublimación, y de excentricidad y rareza de las perversiones, deberíamos observar al mundo desde una luz nueva, que el psicoanálisis debería enfocar con suma claridad.

Para empezar, el tejido desaforado del mundo, la trama de Poder que lo estremece y desencadena, no están hechos sencillamente de la especificidad de la clínica de la perversión, ni siquiera de la clínica de la paranoia, aunque nos guste pensarlo así. Describir este mundo como "perverso" y "persecutorio" suena bello al alma, pero conceptualmente no tiene asidero y nos desliza hacia un tufillo neurótico-religioso que no cabe para el psicoanálisis. Aunque no estoy negando que determinados cuadros perversos sean muy útiles en infinidad de casos --- durante un tiempo al menos ---- al ejercicio del Poder Absoluto, también son inmensamente inútiles, incluso molestos, en otros --- de allí que sean descartados posteriormente ----.

Tampoco es que los logros que vale la pena "conservar" y las cosas que hacen la vida digna de ser "soportada" sean los productos "imperecederos" de la sublimación, como si el valor de la humanidad se midiera por lo que los hombres deberían aportar a algún fin superior --- se ve aquí también el airecillo religioso, que ubica al hombre por debajo de sus obras, que deberían ser consagradas a Dios, a la naturaleza o al Estado --.

Lo que ocurre es que no se necesita ser perverso ni sublime para ejercer lo que es el centro de mi comunicación.

El aplastamiento de lo indefenso

Me referiré ahora inicialmente a las múltiples formas de la crueldad, a la que considero un tópico en sí misma y ante la cual la perversión es sólo un cuadro raro, muy específico y muchas veces localizado e inofensivo a nivel social. El peso de la estructura o de los rasgos de la perversión es más bien singular en la vida de algunos sujetos.

La perversión tiene mala prensa y aparece, por lo menos en la vulgata cotidiana, dando cuenta solamente de desvío de la norma ---- Freud también puso su granito de arena para contribuir a pensarlo así ----, cuando precisamente la codicia ínsita en la norma más "convencional" es la que, en general, es infinitamente más cruel que la mayoría de las perversiones.

Se necesitaría incluso un imponente trabajo para destilar las escenas perversas propiamente dichas del pensamiento de Sade (en el punto en que se filia como primo-hermano de Kant). Este no obligatoria ni exclusivamente habla de perversión, sino de algo infinitamente peor: el entramado del mundo se construye a partir del aplastamiento de lo indefenso. Y no llego a decir... su sacrificio puntual, porque sólo basta con su dolor y su impotencia reiteradas, reiteradas, reiteradas...

Para empezar despejemos un punto de base: la crueldad opera como una de las posibles respuestas al desamparo de la condición humana, compensando ese denso e insoportable estado de arrojado-a-lo-abierto de la existencia del parlante. Pero es cierto también que constituye una de las respuestas más fáciles de elegir, en contraste con otras más creativas que demandan otro sostén subjetivo.

La crueldad

El psicoanálisis no posee una teoría clara de la crueldad, sino un cajón de "sadismos" llenos de anfibologías; polimorfismos perversoides sin definición clara; modos de agresividad variadísimos; actuaciones y rasgos de perversión clínicos múltiplemente confundidos; violencias que irrumpen en lo real, que incluyen las innecesarias y de las otras, etc, etc. Pero no les estoy hablando de nada de ello.

La crueldad es, digamos, una posición de la existencia, una respuesta a la lenguajera condición humana, y no una estructura neurótica. Implica el ejercicio de un poder y, como tal, crea algo ---- aunque nos suene desagradable -----. Claro que aquello que crea... lo hace, digamos, "en negativo". Porque la crueldad negativiza, y en ello se afirma, insuflando de poder a su agente, al evaporar un "nacimiento" subjetivo posible e imaginable en el otro. Es lo opuesto a la resurrección creacionista del amor.

La crueldad no es errónea, sino selectiva. No es torpe, sino habilísima. No es inconciente, ni tiene que ver con ninguna tópica, sino que es parte de una de las maquinaciones más agudas e inclementes del deseo humano. La crueldad tiene una lógica implacable, y ésta es simple y seductora. Sino no se entenderían los siglos de barbarie que la han alimentado, como se asoma en cada rincón de la pedagogía, el divertimento, la sexualidad, la política, la crianza, el trabajo, las instituciones, el deporte, es decir, en completamente todo lo que mueve los engranajes del mundo.

La crueldad, digámoslo sin más, siempre apunta a abolir la castración, lo "femenino" del hombre, apunta a lo que no hace fenómeno de masa, a lo lateral, a lo pequeño, a lo que podría "ser más", aunque sólo potencialmente, expandiéndose y elevándose desde un rincón mínimo, quizás incluso desatendido, de lo existente.

La crueldad no soporta la a-cósmico. La crueldad nivela, jamás da aire nuevo: sólo glorifica lo que es, sostenido en lo que degrada. Es un modo de placer y sólo quiere identidad e inmortalidad.

Pero sería un error reducir sus acciones y resultados al narcisismo y a la tensión agresiva.

La ternura

La crueldad, tema a mi gusto no pensado, es la pareja de otro tema desaprovechado --- salvo en los momentos más visionarios de Lacan, aunque no use casi la palabra y prefiera hablar de amor creacionista o de no-todo del amor o de amor "presente en lo real" ----. Me refiero a la ternura.

¿Sonreirá el lector ante un tema cursi, que reflota otra visión posible, otro aprovechamiento distinto de las entelequias freudianas, bastante metafísicas, de Eros y Thanatos? Sonreirá, quizás, pero su cinismo puede terminar siendo la retaguardia de un mundo en llamas. Hay mucho para seguir pensando más allá de la moralina cristiana, para desentrañar los resortes ocultos de lo que es un buen gesto de ternura y de lo que es una conducta lisa y llanamente canallesca. ¿Por qué sólo en los recodos de la obra de Freud y Lacan se encuentran referencias a semejante tema? ¿Es que la neutralidad, el deseo del analista o la ética del psicoanálisis son ajenas al mismo?

Este mundo de burócratas crueles y las pesadillas que les soñamos (viviéndolas gracias a ellos) sólo nos pide sostener que el Otro goza, que nunca se repliega a la penumbra, en un acto reverente, para que un gesto espontáneo nazca.

Así como la bondad y la maldad, términos que parecen no conceptuales, no son sólo cuestión de teología o axiología, sino que nos incumben muy directamente a los analistas; quiero decir hoy que el rostro semiangustiado-semigozoso del mundo (en su conjunto) ni remotamente se reduce a las facciones de todos los hombres de las ratas que atendemos día tras día. Ni remotísimamente.

Porque escuchamos sólo un ínfimo trazo de las vivencias padecidas por cada sujeto y, así y todo, apenas podemos soportarlo sin darle ya, en forma casi automática, significación. Porque conocemos, encerrados en nuestros consultorios --- escuchando lo que tenemos que escuchar, no digo que no ---- sólo una porción infinitesimal de lo que afuera de éste acontece.

¡Como si la operatoria de la crueldad fuera sólo un problema de velos, fantasmas y "anhelos" detrás de la neurosis obsesiva....!

6°) La ternura tiene su lógica, no es un sentimiento ni una emoción, no implica identificación, no es imaginaria. Tiene un ritmo que ama la pausa y contiene una secuencia compleja de afirmación que, tras inmovilizar por un momento al sujeto, lanza a lo que surge en expansión. La ternura es acto y no es sólo "tolerancia".

Si el lector quiere teoría, es la mejor "compinche" de la repetición de lo diferente, es el eje de la transmisión creativa en cualquier ámbito y bebe del amor de/a lo Real del Padre.

Cuando en una escena de la película Pixote, del argentino-brasileño Héctor Babenco, tras haberse mostrado en doloroso detalle una gama perpetua de padecimientos y miserias infantiles ---- no me refiero a la pobreza de clase sencillamente ---- la cámara se acerca durante un lapso a un niño sentado en un pupitre, niño que a cada segundo se hace más bello, niño que descansa en los brazos del Otro, no para dormir sino para empezar a escribir, y uno ve cada vez más cerca --- y no digo que se acorte la distancia física de la lente de la cámara --- ese pequeño rostro que se distiende, y con seriedad, tesón y velado ingenio aprende (jugando) a hacer algo con casi nada, es decir, ensaya unas primeras letras.... la pantalla de la vida del espectador se inunda de algo sagrado, de una reverencia por el nacimiento ---- no en vano ---- del lenguaje.

Y de una pequeñez maravillosa, propia, inmanente a su humanidad, heredera de una celebración que creía sepultada.

Tal vez sea así, como lo pienso desde hace un tiempo, tal vez no. Pero mientras los psicoanalistas seguimos discutiendo y pensando detalles insignificantes --- que en sí y en su contexto no son detalles en lo más mínimo ---- gran parte de la vida --- la que se vive de verdad --- se nos escapa. Y no por las ventanas de los consultorios, sino de los agujeros negros de nuestras "architeóricas" cabezas.

Mientras el mundo, ancho y ajeno a nuestros escritos, sigue respirando sangre.

Aunque cada tanto también ---- pequeño y hermoso ---- se eleva como una pompa de asombro desde los rincones más escondidos de (lo poco) que resta de nuestra infancia.

Capítulo 3

Desamparo y niñez

Después de nuestra disquisición sobre la ternura y la crueldad me parece justificado acercarnos a la infancia.

Para reflexionar sobre distintos aspectos del desamparo en la niñez voy a girar en torno a dos polos: "objetalidad del niño" y "subjetividad en el niño". Dividiré mi exposición en tres partes: la consideración de la subjetividad del niño en el curso de la historia del psicoanálisis de niños; la dignidad de su desamparo en la relación madre-hijo y los efectos sobre la niñez del desarraigo subjetivo en la posmodernidad.

La historia del psicoanálisis de niños

He insistido en diversos textos y conferencias en realizar una articulación, mediante tiempos lógico-cronológicos, de lo que ha acontecido a través del ingreso del niño en el campo psicoanalítico. Lo podríamos llamar fundación del psicoanálisis de niños.

Postulo que ha existido un tiempo inaugural, un "Tiempo 0", constituido por el modo indirecto de constatación y localización del niño en el universo discursivo de los pacientes adultos de Freud. Las neurosis histéricas, siempre generosas en su actividad reminiscente, le brindaron a Freud amplios materiales. Inclusive, como se ve en los "Estudios sobre la histeria", en aquellos momentos en los cuales Freud quiso inmiscuir su saber en el discurso que las histéricas producían, estas no vacilaron en silenciarlo, en pedir que las dejase hablar. Es muy conocido ese famoso instante, iluminador de todo un campo nuevo, en que la respuesta de Freud es sencillamente consentir en dejar hablar a la histérica. Como sea, de esta manera sólo se accede a la sexualidad infantil de un modo sesgado, a través de ese cotejo de lo que los adultos dicen de esa sexualidad.

Más tarde, hay un "Tiempo 1" inmediatamente posterior, que podemos centrar en el caso del "pequeño Hans", tiempo que constituyó un paso iniciático incluyendo al niño mismo en la práctica. Esta vez por la mediación también de un adulto, el padre de Hans, que no era analista sino un adepto de Freud, en el que este último confiaba plenamente. Su discípulo no sólo suministró datos sobre la infancia de su hijo de cinco años, sino que condujo (como pudo) ese pequeño "fragmento" de análisis. Podemos leer allí, a partir de alguna de las frases de Freud con respecto al tema, que sólo gracias a la mediación del padre se pudo acceder al niño. Quiero dejar marcada una inquietud con respecto a esto, pues con relación al niño oscilamos entre dos posturas: suponerle cierta fragilidad, lo que motiva que el acercamiento sea meramente parcial o, por el contrario, que nos suscite temor reverencial, con el resultado idéntico de poner distancia ante "su majestad"... el niño.

Llegamos ahora a un segundo momento, "Tiempo 2". Estamos ante un tiempo confrontativo, de querella, que al mismo tiempo tiene el valor de ser delimitativo, con apropiación del campo como tal. Estamos citando la disputa histórica entre Anna Freud y Melanie Klein, donde más allá de la discusión teórica el niño accede directamente a lo que serían los tratamientos psicoanalíticos. El epicentro de esta lectura podríamos situarlo en el texto kleiniano clásico "Simposium de análisis infantil", del año 1927. La autora inglesa muestra que superando la oscilación de la que recién hablé, no se trata de suscitarle al niño malestar o, desde el punto de vista social, contribuir a provocar desmanes posibles, dado el levantamiento de las represiones. Por otro lado, pronostica posibilidades inmensas que se abren: la profilaxis a partir del análisis de niños muy pequeños. Y siempre alejándose incisivamente de la perspectiva más pedagógica de la hija de Freud. Si volvemos a nuestras preocupaciones, podríamos decir que en esta disputa entre ambas, Ana Freud aleja más al niño de las posibilidades concretas del psicoanálisis, aplicado en un sentido directo, sin mediaciones "formativas", pero respeta mucho más que Melanie Klein las diferencias entre los niños y los adultos. Esta, en cambio, acerca fuertemente al niño a la práctica del psicoanálisis, pero no atiende las posibles diferencias subjetivas entre un adulto y un niño, especialmente en su relación a la palabra y al lenguaje.

Terminaremos por situar en un tercer momento, "Tiempo 3", tanto a D. W. Winnicott como a J. Lacan. El primero aporta su teoría del juego, y por lo tanto una teoría del objeto. El segundo, con sus diversas consideraciones sobre la constitución del sujeto, las que implican las determinaciones del lenguaje sobre el parlante. Este pasaje del segundo tiempo al tercero, desde la confrontación narcisista a la reflexión ampliada, lo nombro como el pasaje del niño como "objeto de la clínica" a su lugar como sujeto en la clínica. Es un tiempo abierto al futuro.

Siempre hay ciertas dificultades para nombrar lo que usualmente llamamos psicoanálisis de niños o, últimamente, psicoanálisis "con" niños. Como si hubiera una tendencia a pensar "este" psicoanálisis como una especialidad con un objeto específico. Prefiero hablar de la subjetividad y sus momentos, y entonces pensar a la "niñez" como el "momento-niño", o mejor, el "momento-juego", que se puede estudiar en sus derivaciones sublimatorias en el adulto más tarde.

Hablar de psicoanálisis "con" niños me parece un intento desesperado de eludir el problema que presento. La preposición "con" revela lo que se llama en gramática un circunstancial de compañía. Acompañamos al niño en un intento de no tomarlo como objeto, en nuestra búsqueda de un lugar para él. Pero no se trata de eso: mejor deberíamos pensar qué pasa cuando el psicoanalista se encuentra "ante" el niño. ¿De qué se va a tratar? ¿Estará desamparado ante nosotros? ¿O nosotros ante él? He preferido hablar del sintagma "el psicoanalista y el niño", usando la conjunción "y", partícula que une y separa dos elementos heteróclitos, dispares.

Un niño, solo, nos mira con un juguete en sus manos. Dejemos que su escena se inicie.

La dignidad del desamparo

El niño obliga a replantear cada uno de los tópicos del psicoanálisis: la transferencia, el estatuto del síntoma, las diferencias entre juego y asociación libre, la entrada en análisis --- y el estatuto de la demanda, por lo tanto ---, así como el final de esta aventura --- o sea, todo lo que concierne a la fantasmática infantil ---.

Volvamos al inicio, es decir, el tema de la objetalidad del niño y cómo llega a ser un sujeto. Esto es correlativo al tema de la responsabilidad del adulto, difícil de definir. Podemos recordar la exageración irónica de Lacan cuando decía que los padres no son responsables de sus hijos, en el sentido de acentuar el aspecto de separación, de alejarlo de la trama de la demanda parental. De todos modos, responsabilidad es una palabra que viene del verbo responder, o sea, el responsable es el que se presenta y da cuenta de algo. Creo que en la constitución de la subjetividad los padres tienen una responsabilidad.

Winnicott con su teoría del falso self se aproximó a este punto. El sujeto queda reducido a un objeto que sobrevive, pero lo hace fútilmente. Él acentúa que no se trata del hecho de "vivir", sino de una vida digna de ser vivida. El niño en esa posición se defiende de lo que Winnicott llama la madre "no suficientemente buena", que es la que no sostiene el gesto espontáneo y no permite que ese gesto (en términos más lacanianos) se vuelva un acto del sujeto. Pone su propio gesto y lo conduce a lo que podríamos llamar un velado desamparo subjetivo.

Después vienen los efectos: un replegamiento del niño, las áreas de lo interno y lo externo quedan escindidas (y no unidas como en el caso del espacio transicional) y el niño reacciona en lugar de existir o sea, la vida deja de ser un campo lúdico.

Otro concepto winnicottiano es el de derrumbe (break down), que también se puede traducir como quebrantamiento o colapso. Plantea una serie de fallas en la organización del aparato psíquico que operan como defensa contra estados "impensables". Inclusive dice algo muy interesante: la palabra angustia le parece poco intensa, no permite expresar plenamente aquello a lo que se refiere. Prefiere hablar de agonías primitivas acentuando el aspecto atemporal, lo interminable de ese sufrir. La angustia tiene que ver con lo que aparece súbitamente, en cambio la agonía se sitúa en un estado. El primer ejemplo que pone Winnicott es la sensación de caer para siempre.

Se trata de lo que no pudo ser abarcado, metabolizado, simbolizado por el aparato psíquico, dejando un efecto de aniquilación.

Pero la palabra desamparo también tiene otras connotaciones. Me pregunto, primeramente --- ya que trabajé en un servicio de internación ---- si las internaciones psiquiátricas evitan el desamparo de los niños o lo agravan. En segundo lugar, si en las patologías del actuar, lo que llamamos conductas antisociales, no está el tema de la segregación de los niños. En tercer lugar, cómo se lee el sufrimiento en el niño. El niño padece, se comporta, nos muestra su conducta pero en general no habla de su sufrimiento. Este debe ser inferido y uno de los problemas más urgentes de su clínica es cómo leer el punto donde los niños sufren. Dejemos de lado todo lo que es identificatorio con el niño y cómo suponemos una serie de sufrimientos muchas veces proyectados. En cuarto lugar quería decir que esta idea de Winnicott de la madre "suficientemente buena" es muy clara, por un lado y, por otro lado, es algo inespecífica y cuantitativa.

Pero, además, en realidad, escuchando tantos pacientes casi podríamos decir que, así como el padre está muerto desde siempre, la madre es una rareza, es quizás sólo una serie de instantes muy difíciles de apresar.

Desarraigo y posmodernidad

Pasando al último tema que es el de los tiempos posmodernos, notamos en estos el predominio de los fenómenos de apatía, de perplejidad y desarraigo. Podemos preguntarnos qué lugar tiene el sujeto de la infancia en una sociedad postmoderna y cuál es el porvenir, por un lado, de la subjetividad en estos tiempos y, por otro, de una ética del deseo como es la psicoanalítica.

Gilles Lipovesky es un autor que ha publicado varios libros sobre la postmodernidad. Dice que estamos en la época del individualismo hedonista, que reina la indiferencia de las masas, domina la reiteración y el estancamiento, se banaliza la innovación, el futuro ya no se asimila al progreso ineluctable, la sociedad está ávida de conservación, tranquilidad y realización personal inmediata. Nadie cree en el porvenir sino en vivir "en seguida"... ¿qué compatibilidad tiene esto con el juego infantil?

Se trata de conservarnos jóvenes y no tratar de forjar el "hombre nuevo". Desencanto y monotonía contrastan con el optimismo tecnológico y científico de los descubrimientos de la modernidad. Sin ídolos ni tabúes, sin entusiasmo, sin proyecto histórico movilizador. Sólo regidos por un vacío sin tragedia ni apocalipsis. Recordemos que, si bien luego relativiza esto, Lacan situó la ética del psicoanálisis en relación con la tragedia.

Si impera la dispersión, el "realismo" y el escepticismo crítico, si se ha ausentado definitivamente el fanatismo y la solemnidad de las ideas (y no sólo ello, sino las ideas en general), si no se cultiva la meditación profunda y el arte de reflexionar, allí creo que hay que ubicar el tema de qué es la seriedad.

Siempre hablo de que el infantilismo es el de estos nuevos adultos homeostáticos y de que los niños, en realidad, son muy serios.

¿No habrá que oponer al desierto contemporáneo el oasis del juego infantil?

Capítulo 4

El Sacrificio

La cara opuesta del recién estudiado tema del desamparo, que es un fenómeno "padecido", es el sacrificio, pues en éste encontramos --- en la clínica psicoanalítica especialmente --- matices diversos, pero siempre contrapuestos al primero, a veces incluso asombrosos: el consentimiento, la complicidad, hasta la provocación.

Intentaré en este texto aportar elementos para pensar la posición sacrificial en las neurosis: sus modos de escenificación; sus caminos de realización y resolución; y, por último, sus alternativas terapéuticas. Apuntaré asimismo a la ética implícita en el tema del duelo y su contraposición con la del sacrificio. Pero como el tema del sacrificio tiene una significación inconmensurable en nuestra cultura occidental, pues de la mano de la moral cristiana y de la metafísica desde el plano de lo filosófico, deriva en una aplicación sistemática de la regimentación del lazo social a nivel de lo político, tendremos que sacar algunas conclusiones con respecto al basamento estructural que el sacrificio tiene en el porvenir de los sucesos humanos. Haremos asimismo una reseña, al modo de viñeta clínica muy generalizada, aplicándonos al campo de la práctica psicoanalítica. Desde el punto de vista literario la tragedia griega nos servirá de buen contrapunto de todo ello, examinando dos personajes trágicos muy conocidos: Antígona e Ifigenia. Allí nuestra pregunta será si hay en cada una de estas heroínas trágicas posición o no de sacrificio consentido. A partir de este amplio recorrido, esperamos, resaltarán finalmente las consecuencias inmensas ---- tanto filosóficas y éticas como políticas ---- que se derivan para el psicoanálisis de un tema social tan ancestral como es el del sacrificio.

El sacrificio como captura del Otro

Lacan no es un autor que haya dedicado ---- a diferencia de Joseph De Maistre, René Girard o, incluso, aunque más implícitamente, Giorgio Agamben o Michel Foucault ---, a pensar de un modo reiterado y sistemático el problema. Sin embargo, además de todos aquellos lugares donde su reflexión sobre la neurosis ha implicado el análisis de los lazos especulares en lo que estos tienen de agresividad primordial, se pueden sumar temas colaterales de importancia donde existen múltiples puntos de contacto con nuestro tema. Ellos son: a) las disquisiciones sobre el sadismo y el masoquismo en tanto que perversiones distintas, discernibles, b) el tema de origen freudiano de un odio presente en lo real, es decir, previo al narcisismo, c) el goce del esclavo, cuando germina en su obra la teoría de los cuatro discursos, d) la temática de la víctima ínsita en la escenografía de la histeria, sea por su posición subjetiva misma o en el cumplimiento demoledor de su intriga cayendo sobre el partenér de turno; e) la operatividad formidable y constante de los distintos modos de oblatividad en la neurosis obsesiva. Y podríamos agregar un larguísimo etcétera.

Pero hay un seminario, el décimo, el famoso ---- y no siempre bien comprendido en su importancia ---- Seminario de la Angustia, donde dedica unos breves párrafos absolutamente explícitos al tema. Lo hace en el contexto de su examen de los pisos que mentan las "especies" del objeto a. Va a situar el sacrificio en la juntura del piso cuatro y en el dificultoso pasaje al quinto, necesario para pensar el final del análisis. Es decir, va a situar el tema en la encrucijada que va desde el plano de lo escópico hacia lo invocante, desde lo que va de la Mirada petrificante del Otro hasta llegar a los terrenos desérticos y silenciosos de la atronadora Voz del Superyó.

En este punto recordemos que, para Lacan, la instancia superyoica no es, por un lado, la depositaria de los ideales del sujeto --- esto le estará reservado a una instancia completamente despegada de la crueldad, instancia que proviene de la intelección freudiana del Ideal del Yo, pero que para Lacan deriva de los avatares del Estadio del Espejo -----, pero tampoco es la que da cuenta del fenómeno clínico de la culpa, sino que en su figurabilidad "obscena y feroz", se dirige, por su solicitud implacable de goce, a provocar un modo específico de angustia en el otro.

Esto no quiere decir que no haya una angustia propiamente escópica, distinguible de ésa del Superyó, angustia de la que da cuenta, precisamente, la efectuación del rito ---- si podemos llamarlo así ----- del sacrificio, tanto en su presentación en la clínica de lo particular, como en los fenómenos sociales. Y es en estos últimos donde alcanza relieves a veces aterradores, dejando siempre marcas inolvidables, hitos fechables que recuerdan penosamente la oscura complejidad de la subjetividad humana.

¿Qué dice Lacan concretamente sobre el sacrificio? Su definición es muy sintética: el sacrificio no está destinado a la ofrenda ni al don, sino a la captura, sujeción, aprisionamiento, seducción, persuasión, conquista, incitación ----esto muy especialmente---- del

Otro como tal en la red del deseo. El Otro es, aunque parezca paradójico, rehén, presa, botín a conjurar.

Porque se trata de convocar el Deseo del Otro, pero al mismo tiempo regularlo. Por ello se sacrifica un señuelo apreciado. Pero, ¿cuál es la filigrana, el detalle, el modo de exposición buscado? Si el señuelo es aceptado se comprueba que la divinidad debe de ser semejante al oficiante, es decir, puede equipársele, igualársele, asemejársele en su forma de desear.

¿Cuál es la razón de todo ello? El sacrificio regula el "¿qué me quieres?" de la angustia. No se sitúa en el plano anal como una demanda cualesquiera de amor, sino como una de las formas del deseo al Otro, claramente en la línea de la pulsión escópica. Para conseguir igualarse al deseo del Otro según lo que podríamos llamar su estilo y condición, su arquitectura y armazón, es necesario cederle a ese Otro algún objeto agálmico, refulgente, preciado, distintivo. A cambio de esto se espera que el Otro nos otorgue un lugar en él, a partir de la recepción positiva de eso que le es consagrado, volviéndose casi un alter ego exaltado, aunque de un rango superior, pero siempre asemejable a nosotros.

De este modo, se ve que los dioses del sacrificio no son omnipotentes sino presencias de lo real, deseantes y por lo tanto, capturables en las madejas de nuestro deseo. Se trata de conseguir que deseen como deseamos nosotros. No es necesario que gocen de lo recibido, ni al practicante eso le importa, sino que basta con que emitan un signo de que ello les resultó deseable. No es que los dioses "tienen sed", sino que beben (beberían) aquello a ellos sacrificado. Pero insistamos: lo más importante es que si esta expiación se obtiene mediante la recepción de algún signo positivo se consiguen los dos efectos buscados: se apacigua transitoriamente el circuito la culpa ---- hasta su nuevo retorno cíclico ---- y, más fundamentalmente aún, se evapora lo incipiente e insoportable de la angustia.

Pero todavía más: tampoco debe ocurrir que las divinidades se angustien. Por ello la víctima sacrificial debe ser in-maculada. Ni una sombra debe evocar la Mirada del Otro. Sólo una belleza imperturbable ha sido para ellas tan elegida como referida. La mancha, la corrupción, la tacha impropia, el lunar que afea, así como cualquier mácula posible, las más leves impurezas o degeneraciones; todo, completamente todo lo obsceno, es elidido, incluso y específicamente debe ser ubicuo, indiscernible, asíntóticamente expulsado. Sea como sea, entonces, aunque se deba recurrir a los modos más injustificables, hay que domesticar a los dioses en la trampa del deseo y no despertar su inquietud.

Porque el suplicio de los "culpables" es muy agradable a la divinidad ---- como decía Joseph de Maistre ----: él consigue enlazar a los miembros de una comunidad entre sí y ante ese ente divinizado. El sacrificado es sagrado cuando se consigue que esté librado a los dioses. Sagrado en tanto la violencia ejercida sobre él libera o desliga de una culpa existencial y disimula la verdad de la angustia subyacente. Augusto y maldito, horroroso y venerable, inocente y único responsable, el chivo expiatorio en su inmolación consigue que el Mal en sí mismo sea su propio Remedio.

El sufrimiento voluntario

Un autor que se preocupó de los problemas de la moral insistentemente fue Nietzsche. En uno de sus textos más importantes sobre el tema, llamado Aurora, en el libro primero, apartado dieciocho, llamado por su autor "La moral del sufrimiento voluntario", Nietzsche se pregunta cuál es el placer más alto para los hombres en lo que llama "estado de guerra". Aquí leo sin hesitar la tensión obsesivo-paranoide omnipresente en el mundo occidental, desde que la metafísica y la moral judeo-cristianas imperan en él. Es decir, Nietzsche se refiere a todos aquellos a los que describe como "almas fuertes, vengativas, hostiles, rencillosas, desconfiadas, dispuestas a lo más horrible y endurecidas por la privación y la moralidad". Un muy buen resumen de una neurosis obsesiva desatada, al modo de la querella especular permanente, con un generoso desarrollo de componentes paranoides ---- e, incluso, incorporando en sus filas con muy buena aceptación a muy concretos psicóticos paranoicos muy eficazmente descompensados -----.

¿Cuál es el placer, entonces, más exquisito para todos ellos? Simple y arrebatadamente, el pensador contesta: el placer de la crueldad. Con esa actividad disfrutan y se liberan de la tenebrosidad del miedo y de la precaución constantes, huyen de su propio desarraigo mundano buscando re-alojarse en él mediante sus pequeños proyectos brutales. Para avanzar en nuestro tema no debemos perder de vista este punto agudísimamente inteligido por el filósofo.

No es sólo entonces que los dioses estarán satisfechos: la mortificación cruel, infligida o, incluso, autoinfligida, otorga un sentimiento de poder ---- claro que ante el absoluto desamparo que es su trasfondo, agreguemos ----. De este modo, buscando darle a la comunidad un "buen olor ante los dioses malignos", el torturado por remordimientos de conciencia, preso de temores, combate con mayor crueldad la maldad de la carne, propia o ajena, ofreciendo a la divinidad un placer sustitutivo para apaciguar su descontento.

Este olor "asciende humeante hacia ellos como un perenne sacrificio propiciatorio sobre el altar". El castigo voluntario, habiendo hallado los reparos antieróticos donde se guarece la fe, logra así también suprimir cualquier posible felicidad. El martirio tiene por función aminorar la propia desangelada, desconsolada desesperación.

El sacrificio en la neurosis

¿Cómo se presenta esto en las neurosis particulares que analizamos todos los días? De variadísimas formas, obviamente, pero es más frecuente de observar en los sueños, especialmente en los de los sujetos femeninos, más comúnmente ubicables, por la afinidad de las circunstancias de la normativización edípica, en una posición pulsional con fines pasivos. En general, son sueños de movimiento, mudanza, tránsitos y cambios, donde se juega un deseo nuevo de un sujeto. Momentos en los cuales es posible aprovechar, a partir de una apetencia puntual, un nuevo goce o, precisamente como alternativa funesta, abandonarlo en honor de algún Otro idealizado que exige, desde la suposición del sujeto, con su Mirada inmóvil, esa pérdida.

Siempre están en juego dos o más situaciones contrastantes, al modo de una encrucijada de caminos, donde las opciones mentan como contraposición: a) el sendero del deseo versus b) la posición sacrificial típica de las neurosis. La formación religiosa, piadosa del analizante contribuye a dar marco, a otorgar "letra" con la que confirmar la pertinencia culposa de dicho sacrificio. Si algún progenitor, más frecuentemente la madre --- pero no siempre ----, ha tenido una formación austera, alejada de toda voluptuosidad, se confirma desde la demanda inconciente esa necesariedad.

El sujeto suele cometer un lapsus o, más frecuentemente aún, algún olvido de un objeto preciado, muy ligado a la sexuación, aquél que permitiría una seducción a partir de la cual encontraría un goce novedoso, intenso, frecuentemente intuido como arrebatador. Siempre hay personajes propiciantes de ese goce y otros que, adversativamente, incitan al desarrollo de una culpabilidad arcaica, insensata, tan penosa como atemporal. El objeto que representa el valor de plus-de-goce es olvidado, extraviado, roto, robado, destruido, etc. A veces hay intentos postreros de recuperación del mismo que casi nunca alcanzan siquiera para contentar el dolor ínsito en el hecho de que ha sido el mismísimo sujeto el que ha derrochado una crucial oportunidad que avalaba la senda del propio deseo.

Nunca es posible saber si es, era o desde siempre ha sido "tarde" para reparar ese aguijoneante daño. La opción posterior al sacrificio del deseo arroja o hace retornar al sujeto a alguna contingencia des-erotizada, a-sexuada, que lo refugia muy lejos de las vías de la relación con los otros, de ese exterior siempre más propicio para las aventuras del placer e, incluso, sus posibles y misteriosos excesos. Como el lector estará suponiendo se trata de situaciones o sueños de angustia, pero además, de acuerdo al momento del análisis, de honda tristeza, cuando no de dolor legítimo.

Otros aspectos puntuales y eventuales son: a) el predominio de la mirada del Otro puede ser velado o flagrante, usualmente representado por algún personaje lateral que obra de testigo maligno, silencioso, semioculto; b) si se trata de mujeres la temática del golpe, afín al fantasma freudiano de flagelación, suele aparecer con frecuencia; c) en cambio en los hombres las recurrencias de la ley trasgredida y el castigo, incluso hasta suicida u homicida se hacen más presentes; d) más colateralmente aparecen con harta frecuencia la penitencia, la expiación, la crucifixión, los rituales arquetípicos, la devoción y abnegación ilimitadas, todos aspectos de índole religiosa.

Pero siempre por allí o por aquí, sombríamente velado u ofrecido a todas las miradas, está el objeto del sacrificio, al que el sujeto intuye como una parte de sí que lo representa identificatoriamente en su esencia deseante más íntima. Él es el que siempre debe imperiosamente ser destruido.

Sacrificio y angustia

Si el sacrificio nos aleja de la angustia del deseo, tal que un rodeo repetidamente interminable ---- es decir, tan infinito como la historia de las luchas fraticidas de Occidente ----- deberemos pensar como contrapartida cuál es la ruta que nos aproxima a la realización plena de ese mismo deseo. Por un lado, la angustia es una valla tan contundente como evanescente por su carácter de enigma, pero por otro, es tan formidable su poder sobre la subjetividad que todos los apartamientos, incluso los más crueles, son aceptables, legitimados, solicitados. Y esto aunque incluyan la ferocidad más definitiva.

Veamos cómo se traza el ritmo propio de un deseo singular. Según Lacan en el seminario séptimo, Seminario de la Ética, en su camino hacia la Cosa Última; hacia el punto de lo imposible en el Otro; hacia el paraje inhóspito de desfallecimiento ineluctable de lo simbólico; espacio donde el Ideal ya no da respuesta de ningún orden; sendero desde donde cada sujeto puede o no atravesar el recorrido de la aventura única hacia aquello que en lo más hondo lo causa; es decir y en síntesis, en el recorrido hacia el clímax máximo del deseo que opera como un absoluto particularísimo -----"hueso de lo real", como lo llama Lacan ----, el sujeto se topa con barreras.

Intuye los desprendimientos narcisistas personales que lo acompañarán en ese tránsito, aunque éste implique un desasimiento de todo rasgo sacrificial dirigido a las fauces del Otro. Libre pero desamparado de todo dios, debe avanzar "sin temor ni compasión", exhausto y solitario. Lo singular de ese camino no puede ser sin un alejamiento de los poderes de todo Otro omnímodo, sea benévolo o cruel, sea que lo ampare o lo maltrate. Por lo tanto, esas barreras deben ser pensadas como formas de resistencia al mismísimo camino como tal. Pensemos su secuencia:

Primer momento: la barrera inicial es la del Bien, mejor dicho, la de los bienes. Estos, apuntando al bienestar del sujeto, lo constriñen al campo de la homeostasis. Es decir, al principio del placer y los intercambios simbólicos (ecuaciones) donde, vía sustituciones, la demanda constituida en la fase anal permite un resguardo narcisístico.

Tras esta primera barrera situamos el entre-dos-muertes: allí lo Bello en la imagen --- casi diríamos mejor en la imago, pues no se trata de lo meramente "bonito" ----- será el segundo término ante la Cosa insoportable, que delimita un más allá imposible de traspasar.

Sólo restaría el anonadamiento final en la segunda muerte, tras el atravesamiento de todas las barreras, terreno al que muchos se consagraron inútilmente, sea con respecto la muerte propia o a la de los otros. Vale citar el testamento del Marqués de Sade. Este pidió que se quemase su obra al morir y se esparciesen sus cenizas al viento borrando de la faz de la tierra absolutamente toda marca de su existencia. También aquí el deseo feroz de Creonte ---- veremos Antígona de Sófocles casi de inmediato ---- de que no queden huellas de Polinices caído, devorado por los perros, aun al precio de una peste en Tebas. Por último, finalmente aquí todos los odios eternizantes del sufrimiento de razas y pueblos enteros, que debieran obtener una muerte definitiva para la culminación del goce de los que la ejecutan.

Detengamos un momento sobre la belleza y su fulgor. Es cierto que el poder "disipante" de la imagen doliente en su belleza desencadenada enloquece a lo que Lacan llama el "hombre común", como lo produce en cualquiera la contemplación horrorizada del pequeño ataúd de un chiquillo recién fallecido --- ejemplo, el desenlace de la película Navigator, de Vincent Ward ---.

Pero dejando de lado la piedad y el temor de los que recién hablábamos, que manifiestamente se sitúan en el terreno más imaginario, podemos preguntarnos: ¿es eso "bello" realmente el único y último baluarte antes de aquella extinción que superaría los poderes de lo simbólico? Me parece que hay otros temas que habría que situar con más precisión en ese recorrido ético del deseo y del duelo que se conlleva a nivel del narcisismo. Por ejemplo:

a) El pudor, cuando todos los velos de la belleza han caído, su "demonio" se hace presente, evitando el fulgor insoportable del falo develado. Los cultos mistéricos hicieron de este genio alado un protagonista central de sus ritos en el punto de su cenit. El pudor también se sitúa en terreno escópico.

b) La angustia misma ---- que Antígona, anticipemos, no siente en (casi) ningún momento ----, señalando en lo insoportable mismo su propio límite. La angustia es señal, revela que el aparato psíquico ya se ha constituido y puede responder de algún modo ante lo insoportable de la Cosa, por lo tanto también es barrera.

c) El desamparo --- ver infra --- vivido, esa "desnudez radical", tema freudiano por excelencia, que Lacan tantas veces retoma, tema que ninguna dramática, aún la trágica, puede conjurar ---- volvamos a señalar que ante esto tampoco Antígona vacilará en su deseo, pues entonará amargamente su desdicha, pero continuará su camino sin detenerse ----.

d) El tema del dolor, que Lacan toma, aunque muy brevemente, en el citado Seminario 7°. La "petrificación" dolorida hace letra en el nombre propio de la sepultura, mucho antes de cualquier suposición de una disolución final. Punto de contacto con el tema del duelo.

e) Las formas del odio vividas más allá de lo imaginario: ¿impulso hacia la cosa o una de las formas de detención ante su borde de sinsentido? Juntura con el tema de nuestro texto, pues el sacrificio proyecta la señal extrema de un odio más allá de los límites de cualquier legalidad.

f) Un amor "presente en lo real", un "amor-sublimación" ---- ambas frases del Seminario de la Angustia ----; un amor que sobrevive "más allá de los límites de la ley", es decir, una "ternura por la humana criatura" --- frases del Seminario de los Cuatro Conceptos ----, pues gracias al amor el goce pulsional condesciende al deseo entendido como borde de una ley paternizada.

g) Lo cómico, considerando que el final de análisis en la teorización lacaniana avanza desde la tragedia hacia la franca comedia --- tema ya anticipado cuando la refería a la de los sexos ----: todo esto fruto de su reconsideración creciente de lo imaginario, especialmente en los últimos seminarios con la teorización de los nudos ----- retomaremos esto el final de este artículo ----.

Nótese que muchos de estos temas son analizados por Lacan con posterioridad al Seminario de la Ética, donde encontramos solamente la idea recién comentada de las dos barreras, el entre-dos-muertes sadiano, así como la importancia de lo trágico ----- "la ética psicoanalítica es la ética trágica", afirma brutalmente Lacan -----. Por lo que deberíamos releer el tema a la luz de estos nuevos tópicos, pensando qué transformaciones se podrían conjeturar, qué esquema secuencial tendríamos a la luz de tal complejización. Sea como sea, apuntemos también que varias de estas temáticas se sitúan en el plano de lo invocante, más cercanos a la temática del Superyó, es decir, un terreno allende lo escópico, donde el tema del sacrificio encuentra su gozosa detención. Dijimos que el plano de lo escópico ocupa el cuarto piso de los objetos a, mientras que la voz lo hace en el quinto, por lo menos en el Seminario de la Angustia.

El sacrificio en la tragedia griega

Examinaré ahora dos tragedias, confrontándolas, para extraer de ese suelo poético, algunas conclusiones para la ética del psicoanálisis sobre el tema del sacrificio en las neurosis.

Unas palabras previas en cuanto a la obra Antígona, de Sófocles, pues creo que primeramente es necesario apartarse de ciertos tópicos que, dado el constante recorrido realizado por casi todos analistas sobre el seminario de Lacan, a esta altura obstaculizan más que permitir la lectura. Es decir, es necesario dejar de lado tanto a) la idealización de la abnegación y el amor encarnados por la protagonista ---- cosa que Lacan adecuadamente propuso en su seminario, alejándose de todas las lecturas románticas, incluso de la hegeliana ---; como aceptar asimismo que b) Lacan opera en su análisis un recorte extremadamente reducido de las temáticas contenidas en la tragedia. Quizás por necesidades de su exposición teórica, considero que aparece demasiado capturado por el brillo de la belleza de la muchacha, cuestión que desde otro horizonte de lecturas se podría profundizar mucho mejor.

No creo que haya "lectura" lacaniana de Antígona, como se repite a diario, pues sólo encuentro una confrontación muy específica, particularizada, de ciertos temas. Fundamentalmente, Lacan aparece impactado por ese brutal momento de conjunción entre la procesión nupcial y la fúnebre en el canto del "Kommós" (cuarto episodio), donde el personaje, al ser conducido a su destino final, refulge en todo su esplendor trágico ---- ése que enloquece de angustia al coro ----. Lacan utiliza este punto del drama para ejemplificar la barrera de lo bello hacia la Cosa: todo esto motorizado por su disputa con esa "pastoral" psicoanalítica que encarna la Internacional de la que pronto habría de ser expulsado. En cambio, los helenistas que han comentado en los últimos años esta tragedia con posterioridad al seminario de Lacan --- hay una docena de obras recientes en inglés sobre el tema, que he tenido el placer de leer, mientras iba avanzando en mi propia traducción personal de la obra de Sófocles -----, no dejan de lado lo que Patrick Guyomard en su libro El goce de lo trágico sitúa como la fijación incestuosa de la protagonista, es decir, su aspecto de matrimonio con la muerte. Todo un tópico tradicional, por otro lado, del que se pueden leer muchos ejemplos en el género trágico.

Comencemos. Si bien la tragedia es considerado un género con derecho propio, el llamado "héroe trágico", personaje central de su dramática, se nos aparece al examen más atento como una figura contrastante y llena de matices. Indudablemente con puntos de contacto con múltiples temas ya desarrollados. Pero precisamente porque los diversos héroes no pueden ser equiparados es que podemos colegir variantes que vale la pena inteligir en detalle. Por ejemplo, el personaje de Antígona, por su posición subjetiva, no es semejante al de Ifigenia. En la tragedia de Eurípides, Ifigenia en Áulide, se ve clara la disimilitud a partir de varios aspectos a considerar. Vale la pena hacerlo pues Lacan ha dedicado mucho espacio a nuestra primera heroína, pero no hay tantos estudios en el psicoanálisis sobre la segunda que, anticipemos, menta un buen ejemplo de sacrificio consentido.

Sabemos cómo transcurre la historia. Los griegos marchan a Troya, a rescatar a la hermosa Helena, raptada por no menos bello Paris, hijo del rey Príamo. Cabe preguntarse si de paso no intentan anulan un enclave económico importantísimo en las rutas comerciales de la región que les hace competencia en su apetito expansivo. Sea como sea, al llegar a cierto punto de su recorrido la falta de vientos impide la llegada de las naves a las playas de Asia Menor, donde ha de librarse el tremendo combate. Los comandantes y sus huestes desesperan. Allí, un oráculo anuncia que los vientos recién retornarán cuando el jefe de todos los aqueos, Agamenón, hermano del esposo de la raptada, sacrifique a su hija Ifigenia a los dioses. Dioses exigentes si los hay, como se observa. El héroe Aquiles se opone, Agamenón duda, Los griegos lo observan, la madre de la muchacha arde de furia. ¿Cómo resolver semejante encrucijada?

Allí la figura trágica refulge, pero con un tono muy especial, matiz que nos interesa vivamente en nuestro estudio. A Ifigenia le parece un "sentimiento vulgar" oponerse a su sacrificio, pues toda el Hélade, es decir el mundo griego instituido, la observa. Primer contraste con Antígona, pues opuestamente, se ve claro que la mirada de su comunidad o su familia ---- es decir, de la que permanece aún viva, como su hermana Ismene, pues recordemos que muchos de sus familiares ya han perecido en otras tragedias ---- es lo que menos le importa a nuestra segunda heroína.

¿Los reyes griegos necesitaban enérgicos vientos para llegar a Troya? Pues bien, Ifigenia va a ser sacrificada gustosa en el altar del padre. Sabemos que la histérica tiene un deseo insatisfecho: este es saciar la demanda del padre. "Fama gloriosa", dice la niña, pues en efecto "no se debe amar en exceso la vida". Ella es "algo común para todos los griegos" y no meramente hija de su madre. No puede obstruir los designios del oráculo si su patria ha sido agraviada, pues sus ideales coinciden con los de su pueblo. En cambio, Antígona no se inmuta ante las necesidades del pueblo, que tanto sí le importan, para empezar, a su prometido, Hemón, pero también a Tiresias e, incluso, en otros sentidos más pedestres, al propio Creonte.

Para Ifigenia un hombre es más valioso que "mil mujeres", así que entrega su cuerpo a Grecia. Dice: "sacrificadme, arrasad Troya". Su monumento funerario serán las ruinas humeantes de Troya conquistada por su padre. No necesitamos recordar lo que suponemos que pensaba Antígona de los reyes tebanos, de la astucia masculina, de los tejes y manejes de la política, cuando explícitamente comparaba esa ética mundana con la de los dioses de las leyes no escritas, atemporales defensores de los lazos de sangre.

Asimismo, lo que más solicita Ifigenia a su madre Clitemnestra es que no le guarde rencor a su progenitor. Volvemos a ver el contraste con las aspiraciones de Antígona: ni el rey Creonte, ni el adivino Tiresias, ni su enamorado Hemón, ni ningún hijo hipotético le importan tanto como el objeto causa depositado en su hermano Polinices: ya muerto, pero indignamente devorado por los perros según el edicto de Creonte.

Tragedia y duelo

Resta pensar en las diferencias entre la ética de Antígona y el duelo. Es cierto que las condiciones de vida de una muchacha quinceañera en un entorno como el patriarcal griego, sumadas a la crueldad gratuita, desaforada de un tirano de pacotilla como Creonte, no permitieron una salida más amorosa de la situación --- que es lo que proponían Hemón y el adivino Tiresias, en la reconvención que aterra al tirano al finalizar la obra ---, es decir, alguna forma de duelo. Pero se puede colegir en el texto que un deseo tan "ético" incluía también un goce que la condujo a reunirse, tan exhausta como enamorada de la muerte, con su linaje incestuoso. Yo no hablaría aquí, empero, de posición "sacrificial" alguna.

Pero la posición femenina no es la del sacrificio histérico ni la del fundamentalismo del deseo purificado. La mujer consiente en que una parte de su ser permanezca no simbolizada --- parte de la que el objeto causa es el representante ----, dejándola servir de causa de deseo de un hombre. Apoyándose en ésta la mujer tiene acceso a esa ausencia de sí misma ----- por no estar ese punto simbolizado en un significante ---- de la que goza…. más allá del falo. Esto no implica una identificación con el objeto, pues ello nos daría la posición sacrifical que venimos estudiando. El sacrificio es el perfecto complemento ---- recordemos que el de la mujer es sólo un "suplemento" de goce ----- de la crueldad del Amo.

El mujer sólo hace semblante del objeto, brinda juego de apariencia o máscara en el punto preciso donde el falo encuentra su límite, donde desfallece el Nombre-del-Padre, pero no al modo de la reivindicación ---- la otra cara, aparentemente menos oscura, del sacrificio -----, sino como don de la falta. Allí se jugará la escena del amor, sin obscenidad, pero tampoco sin opacidades que obliteren la sensualidad inmanente a toda feminidad.

En el Seminario de los Cuatro Conceptos Lacan afirma que si bien la amalgama de Kant-Sade es más cierta que el sublime "amor intelectual a Dios" de Baruch de Spinoza, él prefiere finalizar su discurso recordando la metáfora paterna y una dimensión del amor que debe ser creacionista. Recuerda los diversos genocidios recientes de la historia de la humanidad y dice que estos pueden perfectamente repetirse, ya que la invocación dirigida a los dioses oscuros ---- dioses que demandan el objeto como detrito, residuo, sobrante, cuerpo muerto e indigno, lastre; dioses ajenos al amor por las humanas criaturas ----- fascina con su demanda. Y recordemos que "fascismo" tiene la misma raíz que "fascinación".

Porque ante esa demanda categóricamente imperativa son muy pocos los que no sucumben.

Mientras la neurosis obsesiva rija el mundo, la crueldad será el basamento de su organización colectiva, como remedio universal ante la angustia y el desamparo. Sólo que aquélla precipita aún más sobre estas últimas. Retrocediendo sanguinariamente fascinados, los hombres "hostiles" y "rencillosos" obliteran sus vidas, las de los otros ---- y, por supuesto, como sabemos, sus análisis, siempre tan dificultosos ----.

La ética del psicoanálisis, entonces, que comprende --- en todos los sentidos del término ---- esa dimensión del no-todo en la que la parte femenina del sujeto se extasía, debería apuntar más allá de la crueldad persecutoria de las neurosis y de esa entrega constante de doncellas y niños tan, pero tan sacrificables..... aunque también de la pureza fanática, indetenible del deseo de Antígona. Pues, en efecto, todos estos posicionamientos claramente se complementan, solapan y yuxtaponen.

Pero esta ética implica un decidido respeto por una política de lo imaginario, del prójimo-próximo, sin los cuales la vida no es, como diría D. W. Winnicott, digna de ser vivida.

Capítulo 5

Ética e ideales del yo

Intentaré profundizar aún más al tema de los Ideales del Yo, planteando un aspecto que se suele dar demasiado por sentado. El intento es complejizarlo un poco y abrirlo a la polémica. Luego veremos extensamente cómo se aplica a la clínica psicoanalítica.

Ideal del Yo y Superyó

Sabemos que Freud tendía a no diferenciar con claridad el Ideal del Yo del Superyó. Ya en su primer seminario Lacan intenta diferenciar ambas instancias, incluso en su génesis metapsicológica. Hasta entonces, las curas, que no podían dejar de constatar el peso nefasto del Superyó, se habían conformado con intentar "moderarlo"... cuantitativamente. Lo que Lacan emprende va en otro sentido. Busca una diferencia cualitativa entre ambos sistemas.

Quiero introducir una complicación extra, que vaya más allá del Superyó "malo" y del Ideal del Yo "bueno", que es como solemos pensarlos, lo digamos explícitamente o no. El Superyó es esencialmente paradójico, es decir, y por decirlo coloquialmente, su funcionamiento es "retorcido". Premia al culpable siendo algo más condescendiente con él, pero tiraniza al inocente cuanto más éste esgrime ante él su cualidad de pureza. Todo esto es cierto, pero la verdad es que el Superyó puede, muchas veces, ser sólo pegajoso y molesto --- cuando no algo bobo ----, mientras que --- y éste es el matiz que quisiera introducir --- el sistema de los Ideales puede ser más violento, exhortativo e impulsivo que él.

El Ideal del Yo freudiano no es tan imprevisible y brusco, es decir, podemos reconocer que es más lineal y entendible que el Superyó. De hecho, este último fue definido brillantemente por Lacan como una figuración "obscena y feroz". La primera característica se explica fácilmente por la regresión erótico-incestuosa al padre edípico. La segunda por la paradoja moral misma que acabo de describir: cuanto más se le entrega, más pide, y al "pescar" el punto de falta (anhelo) del sujeto, es viciosa y circularmente indetenible. Él nos pide, sonriente, llenar un barril sin fondo sin dejar de recordarnos, lascivo, que sabe... cuán mancos somos.

Pero la dinámica del Ideal, tan contrastante, por más directa y sensata que parezca, y aun siendo más austera y límpida en sus reclamos, puede ser más afanosa en cuanto a logros se trata, trazando una asíntota interminable, llena de recompensas, pero permanentemente relanzada hasta el perfeccionismo. Esto se ve bien en deportistas y artistas muy profesionalizados, consagrados culturalmente gracias a un trabajo extenuante, demoledor, que ellos mismos confiesan casi insoportable.

Si el Superyó es cruel porque aplasta especialmente al indefenso, no pensemos que si tenemos claros nuestros objetivos y capacidades el Ideal nos dejará dormir demasiado tranquilos.

El todo del Ideal

Dejemos por una vez al Superyó tranquilo --- que tanta atención ya le hemos prestado durante décadas --- y trabajemos entonces, al menos por una vez, el tema del Ideal para mostrar algunos de los impasses frecuentes a los que conduce. Voy a poner ejemplos clínicos, todos ellos, donde una disyuntiva crucial de la cura se juega en la contraposición entre los deseos de los pacientes versus sus ideales culturales, aquellos que, no por sencillos, dejan de ser extremadamente fuertes y estar rotundamente arraigados. Y quiero mostrar como esto, sin ser un tema de exigencia superyoica, puede tener consecuencias pesadísimas, difíciles de revertir. Los ejemplos girarán en torno a metas cuasi universales o, dicho más sencillamente, sobre la materia en la nos desenvolvemos todos los días en el consultorio: los anhelos de tener pareja estable e hijos.

Estos dos ideales, tan popularmente aceptados ---- incluso las comunidades sexuales alternativas pelean apasionadamente por la legitimidad que en relación a ellos deberían gozar ----, suelen funcionar absolutamente por fuera del deseo, el que se escenifica fantasmáticamente en el sujeto de un modo siempre más "escandaloso" (Lacan).

Es decir, estas expectativas idealizadas implican aseveraciones inimputables, "sensatas", pero abstractas, que son parte de un universo cerrado. Son las obviedades que cualquier buen Padre Simbólico querría "realísticamente" para sus hijos. Como todo Ideal está fuera del tiempo lógico, no atiende a las posibilidades subjetivas contextuales, ni a la conformación particular del fantasma particular de cada uno.

Espontáneamente nos llama la atención, es decir, nos parece bizarro ---- lo reconozcamos o no --- observar un muchacho atractivo e inteligente, promisorio en su carrera, junto a una mujer excedida brutalmente de peso o torpe hasta el ridículo o carente de todo encanto femenino. ¿Cómo ese muchacho "bárbaro" puede estar con semejante esperpento? Del mismo modo una muchacha que es un "bombón", además repleta de todo tipo de cualidades sociales, incluso artísticas, ¿cómo puede seguir tozudamente a un malandra sin escrúpulos ni proyección futura posible?

A esta altura debería mejor asombrarnos nuestro asombro.

El Todo del Ideal no tiene tope, sólo borde, ni acepta excepciones a la regla. Es cierto que su juicio no es superyoico, ni persecutorio: no han de echar de un restaurante a ninguna de esas parejas sólo por su "discordante" conformación. Sólo recibirán murmullos o ironías laxas. Porque el Ideal mantiene una exigencia blanda, carente de goce. Pero esto no quiere decir que no presione insistente, machacona, indefinidamente. Lo que no intenta es plasmarse en lo real, haciendo que a esos disfuncionales los saquen a patadas del lugar o que directamente los linchen. El ideal, tan políticamente correcto, se conforma con definirlos, clasificándolos y apartándolos de la norma convencional, para segregarlos discursivamente.

Ejemplos Clínicos

Ahora sí la clínica más cotidiana. Los ejemplos provienen de mi consultorio, de analistas en supervisión conmigo, así como, incluso, por qué no, de algún momento aciago de mi análisis personal. Todos han sido desfigurados en detalles clave para impedir su reconocimiento.

Ejemplo 1: analizante varón, histeria masculina muy notoria. Impotencia sexual casi completa. Imposibilidad de considerar a la mujer como partenér erótico o incluso amoroso. Todos sus amigos se encuentran casados, salvo alguno con dificultades de pareja intermitentes. Muy exigido en cuanto a la normativización de su sexuación. Cuando el último de los amigos célibes se casa, una serie de actuaciones termina en un pseudo matrimonio, nacimiento compulsivo de un hijo, fracaso estruendoso --- mejor, diría, ruinoso --- desde todo punto de vista, de su vida.

Ejemplo 2: analizante fóbico que se autoexilia dentro del ambiente familiar en una casa inmensa que se presta para ello. Imposibilitado de separarse de una familia donde la transitividad identificatoria es desaforada. Seudo-noviazgo digitado por los padres a los fines de casarlo con una mujer muy manipuladora, que funciona de "hija" adoptiva, verdadero co-equiper de la propia madre del analizante. La presión del medio familiar es intensísima y la única salida imaginable por él es la aceptación de las nupcias. Claro que con avizorado y anhelado futuro divorcio, fantaseado para un "tarde o temprano" bastante indefinido.

Ejemplo 3: analizante entrampado en una relación especular con una muchacha altamente querellante. Acotemos: un típico acting-out tras la salida dificultosa de un primer análisis, donde era retenido "por su bien". Lucha especular al modo de "odio-enamoramiento" con la joven, que llega a los golpes bastante frecuentes. Búsqueda de un nuevo análisis para tratar de "mejorar" el vínculo con ella, análisis supuesto de larga duración... dadas las hondas dificultades que en la pareja se presentan. Ambas familias ven en ellos, no obstante, un magnífico matrimonio con expectativas de numerosos hijos.

Ejemplo 4: analizante de cincuenta años que anhela restituir la figura paterna teniendo un hijo a cualquier costo. El tema de la carencia de dicha figura se ha trabajado durante años. Establece una relación displacentera con una muchacha mucho menor, aparentemente una neurosis de angustia, que también anhela un niño-falo que la apacigüe. Inconfundible relación disfuncional que cualquier conocido de ambos reprobaría ---- incluso cualquier terapeuta en su fuero interior ----, aconsejando su finalización, dados los múltiples episodios de distanciamiento y maltrato solapado que protagonizan. La hostilidad es mutua e hiriente, pero el anhelo compartido del hijo parece resultar imparable.

Ejemplo 5: analizante mujer, casada, con un hijo discapacitado de salud gravemente inestable. Tremendas dificultades para estabilizar el clima familiar. Deterioro del vínculo de pareja ---- que suele resolverse, en muchas ocasiones, con una separación que rompe el circuito de sufrimiento con un reparto de la "carga" ----. Insistencia en proseguir a cualquier costo ese entramado familiar. Afectos encontrados, nula aceptación de las imposibilidades de superar el real del trauma biológico.

Propongo, para empezar, una descripción somera y muy clara del peso de los Ideales en los cinco ejemplos. Yo no haría intervenir aquí teóricamente al Superyó, salvo como agregado o convidado de piedra.

Quisiera agregar un punto muy dificultoso, que la mera repetición teórica no alcanza a sanear. En todos estos casos siempre sobrevuela la clásica contraposición entre el desear y el querer. Lo que quiere el Ideal no coincide con lo que en el deseo fantasmático pulsa. Pero la ambigüedad es absoluta. "Escuchar" si hay deseo en lo que aparentemente se quiere o no --- y viceversa --- es más que arduo y el peso del ideal obnubila el discurso --- y al analista de turno -----.

La intervención del analista

Ahora las intervenciones y cómo se resolvió cada uno de los casos en cuestión. En algunos hay, a mi juicio, una interpretación y, en otros, resta una pregunta flotante que pesa, insidiosa, en la "conciencia moral" del analista.

Ejemplo 1: el analista estaba muy "esperanzado" en solucionar las "dificultades" o disfuncionalidades sexuales del analizante. Todo termina en una depresión velada, pero creciente del mismo, y posteriormente en el desencadenamiento de una enfermedad psicosomática bastante furiosa, casi con seguridad mortal. Varios intentos de re-análisis fracasan apenas se inician. ¿Debería habérsele "aconsejado" el ascetismo a este muchacho o, más bien, señalarle que no existía en él ni más remota constitución del objeto femenino?

Ejemplo 2: el analista interviene nombrando la deuda: no es lo mismo estar soltero que divorciado: el casamiento siempre implica marca. Nadie "se pasea" por tal institución manteniéndose inalterado. Por otro lado, casarse no es la única manera de irse de la casa de los padres. Hay variadas formas de pensar el tema si ésa fuera la solución. El analizante rompe el compromiso ante la mirada atónita de todos y, al poco tiempo, se va a vivir solo. Obsérvese que el analista no le dice que no se case ni qué otra cosa hacer. Tampoco que resuelva el vínculo con sus progenitores.

Ejemplo 3: el analista se niega a sostener por tiempo indeterminado un análisis en semejante estado de querella, considerando que lo que el analizante describe no es una relación de pareja, y mucho menos un síntoma, sino una discusión "ideológica" personal, estructuralmente interminable. Le señala (irónicamente) que si el joven ha de continuar peleando de este modo, podría tomar algún medicamento para hacer más llevadera su angustia. Allí la relación especular cae de inmediato y se inicia el análisis propiamente dicho sobre otros temas. Obsérvese que en ningún momento se le dice que se separe.

Ejemplo 4: todo se resume en un embarazo, constatado justamente el día siguiente al que habían "decidido" separarse, con amplia conciencia de lo precario de la relación. Los sucesos se abren hacia el futuro más que indeterminados e irresueltos. Aparentemente estaría por producirse la huida de la mujer al extranjero con el niño. La analista se siente sobrepasada pese a las reiteradas supervisiones y no atina a intervenir. La pregunta que queda en el aire es: ¿debería haberle aconsejado más enfáticamente una transitoria anticoncepción o trabajar más la paternidad del Amo que excluye a la mujer?

Ejemplo 5: se produce un círculo vicioso interminable que se prolonga por años con fuerte deterioro anímico y físico de ambos miembros de la pareja. Es casi imposible determinar si el duelo es por lo dolorosamente ocurrido o por lo no ocurrido e idealizado, pues ambos duelos coexisten y se yuxtaponen. El análisis transcurre por los carriles del "acompañamiento", pero la analista aparece muy conmovida, incluso identificada con semejante real de dolor. ¿Se debería haber avanzado en la separación de la pareja o sobre la identificación melancólica al niño, tan frecuente en estos casos?

El ojo ciego del analista

A mi entender nuestro tema se resume así: la dificultad de cada analista se establece dentro de una estructura discernible y prototípica. Sólo yendo más allá de ésta algunos analistas pueden llegar a intervenir.

Describo el empaste de este modo: el profesional piensa "algo" que sería bueno para el paciente. No puede evitarlo, pues sus ideales son "razonables" y "correctos", casi, diríamos, fundamentalmente obvios. Ninguno señala este parecer del analista, aunque es notorio para ambos, porque funciona en forma solapada. Es casi un clima de trabajo con una dirección preconcebida. Claro que, como supuesto implícito, ejerce un efecto contratransferencial, en el sentido de una inhibición de bien-decir el deseo de parte del analizante. Y justo en ese punto de inhibición se aloja el ojo ciego del analista.

Como, de todos modos, éste está advertido --- ya que no es tonto, aunque sí un poco psicólogo ---- de que no debe "opinar"... se llama a sí mismo a silencio, es decir, pierde su palabra. Debido a esta transacción --- ya hecha síntoma --- no puede interpretar.

Del lado del analizante, en cambio, no sólo no hay asociación de lo que sonaría discordante a esa meta, sino que siente culpa, pues él mismo convenció a su analista de lo que es "bienhechor" para él --- o sea, "se encanó" solo ----, sintiendo que dirigió su propia cura en un sentido específico. Ha conseguido compartir un punto de vista: la mirada de ambos parece haberse vuelto simétrica y recíproca, es decir, vacía.

Se arma un dúo de suposiciones especulares. No sólo sobre lo que es adecuado para el que sufre, suponiendo que eso es lo que quiere, sino consiguiendo que ya esté confundido en cuanto a lo que desea. El analista, en la niebla, descansa, pero sus sueños son tormentosos: intuye que el análisis gira en círculos y su Deseo de Analista se ha evaporado.

Sólo aquellos ejemplos donde el analista no quiere nada, pero marca la posición de enunciación del sujeto, son los que, como vemos, permiten algún corte que abra alguna otra dirección.

Que no siempre es la esperada.

CAPÍTULO 6

Edipo: mito y anomalía

Analizaremos brevemente lo que interpretamos como la causa de algunas de las dificultades producidas al intentar teorizar un final disolutorio del Complejo de Edipo, es decir, un final radicalmente conclusivo.

Lo haremos a partir de un examen del mito del personaje de Edipo, mientras ---- aproximándonos y alejándonos ---- conversamos con el magnífico libro de Jean-Joseph Goux, Edipo Filósofo (Editorial Biblos, 1999). En Sujeto. Acto, repetición (Letra Viva, 1997, en co-autoría con Carlos Basch) me interné profundamente en este tema en mi texto "El atardecer del Padre".

La anomalía edípica

Pero sigamos con Goux. Para éste el mito mismo de Edipo es una auténtica anomalía. El mito heroico, en su forma arcaica, típica y universal, no incluye nunca un parricidio, sino el enfrentamiento del héroe a una sombra femenina, monstruosa, a la que derrota.

Edipo implica una regulación fallida de ese "mono-mito", como lo llama Goux, que sería el movimiento fundador de la posición masculina prototípica. Edipo es el mito de una investidura heroica fracasada, por ende, trágica, es decir, de una iniciación evitada, esquivada, malgastada. Este mito subvierte el esquema fundamental de la épica, pero ----- y este "pero" es fundamental ---- funda la razón griega. Y, por lo tanto, como lo vio Hegel, la "capacidad" filosófica edípica del hombre occidental.

Existen muchos mitos griegos de investidura real ---- en el sentido de la conquista de la "realeza" ---: Jasón, Perseo, Belerofonte. Todos siguen un esquema inalterado: un rey teme que un joven lo desplace, cosa que ha predicho el oráculo, por lo que intenta asesinarlo. El futuro héroe escapa, pero encuentra un segundo rey que le hace un convite: una peligrosa prueba que el héroe acepta. La prueba es siempre eliminar, en combate e inspirado por los dioses, a un monstruo que nunca esconde su característica femenina inquietante, incluso horrorosa. Tras la hazaña, que siempre se realiza de modo gradual y con diversa tipo de ayuda, es decir, siguiendo pasos y sorteando dificultades, el héroe triunfante se casa con la hija de un tercer rey. Tenemos entonces un rey celoso, un segundo rey demandante y un tercero donante.

Observemos que a) el que teme ser destituido es el padre, quien descubre en el hijo su finitud --- es decir, que el narcisismo del padre dificulta el recorrido ----; b) que el hijo debe esquivar ese temor sangriento, pero aceptar una prueba después --- y hacerlo voluntariamente ----; c) que debe haber peligro, debe haber combate y debe haber ayuda de los dioses ---- triunfar sin esa inspiración es locura o presunción, y no heroísmo ----; d) que lo que se debe derrotar implica lo femenino en su versión más desatada y angustiosa ---- es decir, la falta y no la "falicidad" narcisista de la mujer, lo que lee bien claro en la anécdota de la cabeza de Medusa en la historia del héroe Perseo -----; e) que los pasos muestran que se trata de un trabajo ---- de duelo progresivo ----; y f) que, al final, nuestro héroe, sexuado, puede enrolarse en la sucesión generacional

--- es decir, que tiene un futuro en la trasmisión de algún ideal del Yo ----. Toda la estructura es claramente la de una apuesta --- en el sentido de Pascal ---.

La estructura del mito de Edipo es paralela a la del mito heroico regular, pero resulta casi una parodia:

1°) la prueba impuesta por el rey está ausente y reemplazada por el asesinato de un rey, que es su propio padre. Los tres reyes, en su funcionamiento simbólico, se han reducido a uno, el padre real.

2°) el enfrentamiento con el monstruo hembra, en este caso la esfinge, está lleno de irregularidades: no hay ayuda de los dioses --- no la hay incluso de mortales ----, no hay gradación en pasos y obstáculos a lo largo de la prueba, sino mera pregunta y respuesta puntuales, no hay movilización de fuerza física, sino ejercicio de la palabra. El esfinge se suicida, no muere en manos del héroe.

3°) No hay casamiento con la hija de un rey, sino con la propia madre, con quien incluso entre ambos no se reconocen. Quien no enfrenta con todo su ser y en batalla al núcleo de lo femenino ignoto, tiene por destino quedar preso de su madre.

Vemos para empezar que el ejercicio practicado por Edipo es autodidacta, ateo e intelectual. Mata a su padre, vence al monstruo con el saber de su astucia y obtiene a su madre como premio. No hay transformación alguna de su subjetividad. Desde el punto de vista del monomito arcaico es una completa aberración, un acto de soberbia que sólo puede conducir a destino inevitablemente desgraciado.

Pero, volviendo a Goux, esta disposición "edípica", este nudo diferencial anómalo, pasará total y extrañamente inadvertido a Freud. Cuando los freudianos fuerzan el mito para normativizarlo y universalizarlo abusan, con sus obsesiones teóricas, de la "paciencia de cualquier lector" más o menos atento. La esfinge es lo impensado, lo que queda sin interpretar dentro del psicoanálisis freudiano.

Goux remarca que, siendo la trama del mito originario completamente distinta del conflicto edípico, la ceguera freudiana es la razón de las dificultades en pensar una disolución del complejo, una disolución que no fuera una mera atenuación de las tensiones puestas en juego en él ---- pura lucha sintomática de fuerzas económicas ----, sino la conformación de una estructura diferente.

Y el mito heroico era allá y entonces esa estructura diferente: al poner en relieve el tema del monstruicidio por sobre el del parricidio, daba cuenta, sin "el expediente de la prohibición", del acceso del sujeto masculino a un deseo fundamental.

Valdría la pena revisar ---- aunque se lo ha hecho cientos de veces ya ---- cada historial freudiano, para ver cómo cada pieza del Edipo encajaba siempre ajustadamente, gracias a diversos grados de forzamiento. Es cierto, no obstante, que lo que en Freud era necesidad de justificar una serie de hallazgos novedosos dentro de un clima de cuestionamiento social a veces extremadamente agresivo, en los posfreudianos se volvió una mímica empobrecedora y desaforada. Sea como sea, vayamos pensando que el tema en cuestión que se soslaya en el freudismo ---- por lo menos ésta parece la crítica de Goux --- pasa por una consideración más definitoria del deseo angustiante del Otro, representado en la trama de Edipo por la inquisición enigmática de la Esfinge. Es decir, el tema del más allá de la demanda de amor materno.

Hablamos de la significación de un ser peligroso, de un trasfondo oscuro, envolvente, asfixiante, que atrapa y fascina, de un poder agresivo y devorador. Hay múltiples formas de presentación en la teoría de esto.

Mencionemos el "verdadero Superyó" de Melanie Klein, más antiguo que el freudiano o la madre "cocodrilo" de Lacan. En algunos de mis libros he realizado, por ejemplo, sucesivos análisis de la jirafa devoradora en el historial de Hans, a partir de mis lecturas del Seminario cuatro de Lacan. Al respecto ver "El caso Hans. Lectura de Freud" (Nueva visión, 1991) y "Fobia en la enseñanza de Lacan" (Letra Viva, 2004), dos de mis libros más conexos.

Goux le reconoce a Lacan haber iniciado el camino de la reconsideración de ese "sueño freudiano" que es el Complejo de Edipo, aunque bajo el aspecto de una fidelidad a Freud "intransigente y ostentosa". Lacan ha realizado una revisión que ha sacudido muchos de los preceptos freudianos. La castración decisiva en el hombre pasa por algo más temible que la amenaza paterna, es decir, por un enfrentamiento a la Cosa de la angustia. El padre es un velo que disimula la perturbadora radicalidad de esa dimensión más profunda. El Edipo está al servicio de la represión de la castración, no de su elaboración y atravesamiento. El padre como supuesto obstáculo a franquear es un velo que aleja al sujeto de la radicalidad de su transformación subjetiva. Al apartarse de la limitación freudiana Lacan sólo redescubre la verdad ya reconocida por la tradición arcaica y su concepción de lo que es una iniciación lograda. El desvío de la castración, bajo la idea de temor o de amenaza... es una fantasma, una neurosis, un mito en el sentido peyorativo, en relación a la verdadera instauración del deseo masculino.

La prueba heroica debe representar una fase de "muerte" y sacrificio --- digamos, duelo, en nuestros términos ----, que aporta la condición de un nuevo y radical nacimiento subjetivo.

La "neurosis" freudiana

La oposición entre deseo del sujeto y la ley de la autoridad paterna no se encuentra en el mito heroico: el sujeto acepta la prueba como desafío necesario, sabe que es una forma de alejamiento del incesto, que tiene un alcance mucho más profundo que una mera prohibición y que, por sobre todo, se alimenta de un deseo íntimo, poderoso, estructural, de sexuación. Ante esto un Complejo de Edipo.... sería sólo una distracción.

El padre aquí en todo caso es un soporte posibilitante. Freud humaniza la causa del corte, le quita su necesitad "prehumana, sobrehumana, inhumana": en términos griegos: sagrada. El corte es ante un anhelo "incestuoso", por llamarlo así, que es intrínsecamente angustiante, productor de un monstruo terrible, generador de angustia. Es necesario un dispositivo que permita al sujeto su separación y ésta no es el resultado de la cólera de ningún padre. La causa del impedimento no es del padre, así como la faz de la esfinge, en el fondo, carece de humanidad --- aunque provenga del lazo con la madre ----.

Es la esfinge la que pide sacrificios y suplicios al hijo y no su padre. El mito de Edipo es una escena de orientación fantasmática fundada en evitación de la castración simbólica. En ese sentido, el eludimiento de la castración es la "neurosis" freudiana. El proceso iniciático es detenido por el intelecto reflexivo, Edipo no muere como hijo y no accede a alguna forma de sexuación para poder llegar a la Novia. Escapa a la seductora "cantora", pero lo hace inteligentemente.... para caer en brazos de su madre. El deseo materno, que no ha sido transfigurado metafóricamente, se venga por no haber sido legítimamente desfenestrado.

Pero asimismo el mundo moderno, el mundo de Edipo, "el primer filósofo", vive el permanente suicidio de la esfinge como victoria inaugural de la razón y de la conciencia de sí. Y resulta inherente a ese mundo una sensibilidad indiferente hacia lo castrativo y femenino, involutiva, tanto de sus aspectos inquietantes como de los creativos. Edipo funda la perspectiva antropocéntrica ---- de rostro humanizado ---- para cerrar la apertura de la angustia, suturándola, sin resolverla. No hay más lugar para la ética de la tragedia. Y el gran derrotado --- no tenemos espacio para extendernos en este punto ---- es Tiresias.

Es cierto también que en este logro hay una liberación de las ataduras del mundo clásico. Desde Protágoras, pasando por Descartes hasta Nietzsche, se desarrolla la voluntad autónoma de poder del hombre. Su curiosidad, su deseo de conocer, de penetrar los secretos de la naturaleza, de correr todo velo, de abolir la autoridad de una tradición que lo excedería.

Esa tradición cae con nuestro moderno filiarcado occidental.

La nueva razón es escópica, desacralizante, y en términos de Goux: auto-lógica, auto-reflexiva, auto-referencial, auto-ontológica. Edipo, decimos, es un autó-crata, un auto-didacta, que termina auto....castigándose. Edipo se juzga, se daña y se condena. El circuito entero del recorrido es realizado por Edipo por y en sí mismo. Su saber autista, que ubica al hombre en el centro de la escena lo autonomiza del circuito heroi-co, pero lo arroja a un crimen del que no podrá salir.

Filósofo no iniciado condena a Occidente a la per-dida del rumbo que lo aleja del respeto por el abismo y por el Ser que, cada vez más ausente, se autoani-quila en la insistencia de una repetición cada vez más desorientada.

El genio de Freud es haber detectado el residuo in-conciente de este proceso junto con su tópica. La pers-pectiva edípica interiorizada es la traducción de ello. Pero Freud sólo registra y explora ese modo histórico de subjetividad que ha instituido el antropocentrismo griego ---- cuando éste se olvida de lo sagrado ---- sin apartarse de su configuración, sólo descubriendo sus ramificaciones, insospechadas hasta entonces y sus efectos sintomáticos para el sujeto.

Como suelo afirmar la teoría de Freud es una teo-ría neurótica, no una teoría sobre la neurosis, lo que deja al psicoanálisis preso de su configuración edípi-ca, sin poder captar una universalidad más profunda. No capta que la amenaza a superar amerita un mo-vimiento que debe ser apuesta, prueba y acto al mis-mo tiempo. De allí el desconocimiento de la sexuación masculina en lo que tiene de más radical, como de lo femenino no materno, ambos sólo liberables gracias a esa apuesta que se vive sin el Otro.

La sospecha de Lacan ---- implícita a veces, muy explicita en otras ---- es que el Complejo "de Edipo" es la resultante neurótica y fallida de la sexuación. Es necesaria una lógica de la sexuación "pos-edípica", que no haga del análisis una historia interminable, que disuelva al Superyó como supuesta instancia "de la cultura", que termine con las lecturas racionalistas de la angustia, que habite el Ser como fundamento dejándolo hablar en el hombre, que interiorice el cimiento de lo psíquico respetando su cualidad de goce singular.

Vivimos la culminación de un Occidente infinita, interminable, insuperablemente edípico; neurótica y pobremente sexuado, donde predomina la conciencia de lo escópico y sus derivados narcisistas inmortalizantes, donde lo bello se ha ausentado de lo sagrado ---- reducido a lo fascinante ---, donde la dimensión del no-todo es postergada, abolida, minimizada ---- aún y cada vez más por las mujeres mismas ----.

Esto obstaculiza el pasaje a una lógica de la castración que dé lugar a la pulsión y a su goce radical, dejando de pensarla como erótico-incestuosa y/o mortífero-destructiva.

Quizás como podría pensarla alguien más inspirado en el budismo zen, es decir, como un movimiento donde lo más espiritual del hombre acaezca con la brutalidad de la risa de los niños --- no edípicos ----, libres de los diversos nombres de la culpa.

Aunque no, por supuesto, de la responsabilidad de sus actos de sujeto.

CAPÍTULO 7

Semblante e Impostura en la Sexuación

El tema del semblante fálico es el eje de la dramática de la sexuación: la tragicomedia de los sexos florece o se descompone a partir de allí. En esa dramática encontramos la sustancia misma de los síntomas de nuestra clínica.

El juego de los semblantes

De hecho, no hay máscara que no corra el riesgo de ser interpelada por cualquiera de los tres registros:

a) Porque si sólo es artefacto o maquinaria o simulacro, su consistencia es imaginaria, es decir, se nutre del velo de lo que es en tanto que "es", pero sólo mientras lo sea.

b) Porque, cuando no se sustenta en su inmixión con el real de un deseo, es tan vaporosa como una fantasmagoría diurna y no llega a ser verdadero semblante.

c) Porque la brusquedad hiriente de lo simbólico la pone en cuestión, desengaño del cual los neuróticos abusan en sus críticas al partenér sexuado.

Por esto último no es tan sencillo afirmar que el neurótico es exclusivamente víctima del Superyó. Hay una relación opositiva entre el juego de los semblantes y el sistema de los Ideales del Yo que deberíamos interrogar. Así como la vieja dicotomía entre esencia y apariencia queda abolida por la noción de semblante, debemos poner en cuestión al Ideal, sede de los desencantos amorosos.

Sabemos que Freud tendía a no diferenciar con claridad el Ideal del Yo del Superyó. Lacan intenta desemparejar ambas instancias, incluso en su génesis metapsicológica. Hasta entonces, las curas, que no podían dejar de constatar el peso nefasto del Superyó, se habían conformado con intentar "moderarlo"... cuantitativamente. Lo que Lacan busca es una diferencia cualitativa entre ambos sistemas.

Quiero introducir una complicación extra. Como ya dije el Superyó es esencialmente paradójico, es decir, su funcionamiento es "retorcido". Premia al culpable siendo condescendiente con él, pero tiraniza al inocente cuanto más éste esgrime ante él su pureza. Todo esto es cierto, pero la verdad es que el Superyó puede, muchas veces, ser sólo pegajoso y molesto, cuando no algo estúpido e inconsistente, mientras que --- y éste es el matiz que quisiera introducir --- el sistema de los Ideales puede ser más exhortativo y perfeccionista que él. Lo vemos en la concepción de la belleza, en el deporte y en el ascenso social.

Es cierto que, no obstante, el Ideal del Yo freudiano no es tan imprevisible y brusco, es decir, podemos reconocer que es más lineal y sensato que el Superyó. De hecho, este último fue definido brillantemente por Lacan como una figuración "obscena y feroz". La primera característica se explica fácilmente por la regresión erótico-incestuosa al padre edípico, obstáculo para la instalación de un juego de interacciones sexuadas. La segunda por la paradoja moral misma que acabo de describir: cuanto más se le entrega, más pide, y al "pescar" el punto de falta (anhelo) del sujeto, es viciosa y circularmente indetenible.

El Padre Imaginario

Trabajemos entonces este tema en relación al Padre Imaginario, el que se abusa de su pretendida omnipotencia "simbólica", mayestática, idealizada: es el gestor usual de los fracasos fantasmáticos de la sexuación. Es el Buen (y Sapiente) Dios, como lo llama Lacan. Acreedor eterno de sus dones, alfarero divino, nos interesa cuando su figuración se hace carne en la impostura resistencial del analista. Hay una disyuntiva crucial de la cura, que se juega en la contraposición entre los deseos de los analizantes y sus ideales culturales, cuando son fuertes o están rotundamente arraigados. Pudiendo, incluso, devenir exigencia superyoica, con consecuencias pesadísimas, difíciles de revertir. Todos los ejemplos que pudiéramos poner girarían en torno a metas cuasi universales o, dicho más sencillamente, sobre la materia en la nos desenvolvemos todos los días en el consultorio: los anhelos de tener pareja estable e hijos, así que estamos en las puertas de los avatares de la citada sexuación.

Es decir, estas expectativas implican aseveraciones inimputables, sensatas o no, pero abstractas, que son parte de un universo cerrado. Como todo sistema ideativo es atemporal, no atiende a las posibilidades subjetivas contextuales, ni a la conformación particular del fantasma particular de cada uno, por lo que degenera en expectativas de "caretear" a toda costa ---- y hasta la farsa, que es género distinto de la tragicomedia --- las demandas del Padre Imaginario.

El Padre Real

Por eso necesitamos contraponer el Padre Imaginario al funcionamiento de otra dimensión del padre, desatendido por tanto comentario ya hiperarticulado con insistencia sobre el Padre Simbólico y la metáfora paterna. Me refiero a la tercera dimensión de la paternidad: el real del padre, verdadero agente de la castración.

En cuanto a esa función, el Padre Real es el que "gasta" voz con sus dichos, es el que habla "con el cuerpo puesto". El Padre Real hace lo que dice, se toma al hijo "en serio", su palabra plena tiene un valor performativo, pues lo que afirma es un juramento, un nombramiento, una declaración, un acto solitario guiado por un deseo. Decimos que él es, en ciertos momentos fundamentales de la vida del niño, quien se "presenta". Es el que se hace responsable de "batir la justa", más allá de cuán "justa" sea... y asumiendo la posibilidad de equivocarse.

En segundo lugar, él es el hombre de una mujer. No se trata en primera instancia de la relación vertical entre ambos hombres. El niño tiene un Padre Real en la medida en que éste hombre es el que ha hecho de una mujer la causa de su deseo y el objeto de su goce.

¿Será éste un auténtico aquelarre provocado por el psicoanálisis? ¡La garantía real de la función paterna sería la de un hombre encauzado hacia una mujer! Mujer que debería ser el manantial de su deseo... y no fundamentar su función en la dimensión de los Ideales, los que garantizan la paternidad sólo en la imagen.

El hombre enfrentaría de este forma y más que nunca su castración y su angustia: el Padre Real instaura como instancia el "real del padre" a partir de su deseo en tanto que castrado. La verdad de un hombre es su mujer, dice Lacan, hasta tal punto en que si se lo quiere conocer más profundamente, basta con observar en detalle a la que ha elegido.

Pero si este Padre es la garantía de la función, podemos extraer dos consecuencias más.

En primer lugar el Padre Real es el que introduce para el niño una limitación: "tú no eres lo que a tu madre le falta". Él es el agente de esa castración, pero no por celos o competencia, sino en tanto instaura para el niño un no-saber la verdad de su goce de hombre de tal mujer. Una cortina ante un escenario supuesto: lo real es esta imposibilidad de demostrar mediante un saber totalizado la verdad del goce, verdad que no le concierne al niño, verdad que no es "asunto suyo". El niño podrá imaginar todas las escenas primitivas, en sentido freudiano, que sea capaz, y ellas devendrán su fantasma, pero el padre no se prestará a ello con ningún tipo de exhibicionismo.

En segundo lugar el real del padre es el que permite responder finalmente a la pregunta por el Padre Imaginario-Idealizado que el hijo se plantea, es decir:)cómo desprenderse de él, más allá del amor y del odio experimentados en su contra? Pues lo hará… si su padre es un hombre que no se esposa con, que no se endosa, que no se identifica con la imagen de un padre todopoderoso, de un Amo que hace la ley. Efectivamente, el Padre Real es el que, en cambio, encontrando su goce junto a una mujer, no lo buscará en su relación con el niño.

El padre omnipresente, omnividente, que hace de sus hijos el objeto de su goce, que en lugar de ser el representante de la ley se hace legislador y hace la ley identificándose con ella, conduce a lo peor. En esta situación Lacan encontró los efectos devastadores pro-

ducidos por esta figura imaginaria. El Padre Real es
el que derrumbará esa figuración introduciendo un
punto de imposible.

El duelo por el padre y la sexuación

Ahora bien, sin la operatividad del Padre Real, fracaso tan frecuente,)es posible hacer el duelo por ese
padre? Se lo puede intentar en la experiencia analítica, claro que con un analista que no se tome a sí
mismo.... como el simulacro de un Amo del discurso.
Nuestra pregunta de analistas es si existe otra ley más
allá de la del Ideal. Otra, además de la ley displaciente
de la neurosis.... para transitar la sexualidad. Una ley
que sea el soporte mismo de la misma. Una ley para
que, apoyándose en ella como quien anhela saltar más
allá de un vacío, el sujeto se disponga a inventar caminos siempre nuevos.

Para ese logro es necesario tener en cuenta otra dimensión de la palabra, la que nos reintegra a la fuerza
inagotada de su poder retórico-poético. Este poder no
se halla en los artistas: reside en todos los sujetos y
está ligado a un decir cuya ley, lejos de oponerse el
goce, es a la vez su sostén y su camino. Esta ley se
le trasmite al sujeto gracias a un hombre cuya paternidad deriva de su posición de hombre frente a una
mujer, con la que "juega el juego", diríamos, de la comedia de los sexos. Lo que sus hijos reciben de él no
es solamente lo que cree que es "bueno" para ellos
--- aunque su función no es sin ello ---, sino la manera
en que él se dirige y contesta el enigma del Otro-sexo.

En esto hay cierta artesanía, no ficticia ni artificial,
sino inventiva: desear originando el deseo a partir de
lo desconocido. Su medio es el de la palabra: sostener
el deseo en el decir de cada uno. Esa es la verdadera

Ley-Real-del-Padre, no la de los Ideales sociales. El arte, en general, sólo muestra efectos colaterales de aquello que se dice cotidianamente entre tal hombre y tal mujer, en todas las otras circunstancias de la vida.

Esta apuesta no implica mostración para con los hijos, sólo concierne al goce que un hombre halla en aquélla que en determinado momento es la causa de su deseo. Goce que se expresa disimulado, dibujándose en la equivocidad misma del significante, equivocidad que se mantiene en el juego amoroso, que lo sugiere entrelíneas. Por ello la comunicación más usual, la de los signos, es diferente de la trasmisión del juego hombre-mujer, cuna de los dichos amorosos... ambiguos, pícaros, deleitosos.

Esto es lo más seguro que los padres trasmiten, como por añadidura, a sus hijos e hijas. Por supuesto la mujer ocupa aquí un lugar tanto como el hombre, es decir, esto sólo puede ser sostenido en la medida en que ella acepte el riesgo de ser deseada, con la apuesta deseante correlativa. Pues si ella se opone, se genera entre ellos una rivalidad con respecto a una serie de ideales a cumplir. Y si hay demostración por competencia tornamos a aplastar el arte amoroso con la aspiración a una "técnica", que se disimula muchas veces por ser educativa, pero que está siempre sostenida en la reivindicación y en la búsqueda de prestigio ante la mirada del hijo.

Lo que permanece, de este modo, recóndito ---- por la psicología o la sexología más pedestres, por ejemplo ----, es el verdadero problema que debemos enfrentar: no el de la "carencia paterna", pues sostener el Ideal del Otro es imposible, sino el del enigma de eso que acontece, que une o desune a ese hombre y a esa mujer.

En síntesis, se trata de una ética del decir erótico, que busca una estética de los semblantes, cuyos actos contienen un sesgo siempre singular. Donde lo amoroso haga estilo más allá de los ideales sociales y donde, si se tratara de practicar alguna forma de interdicción.... ésta no sería la del incesto, sino una objeción rotunda al vaciamiento del amor en una cultura que estaría ---- cotidiana, insidiosa pero implacablemente ----, buscando oponérsele, burocratizando lo que debería ser ligero, alado, pura sugerencia.

Sencillamente un decir que traza sus arabescos, mientras sonríe algo triste (a veces) y baila efímero (en otras), siempre desde su tragicómico vuelo.

Capítulo 8

Don paterno, Amor y Castración

Corresponde ahora internarme en el tema del padre desde otro ángulo más práctico, muy ligado a situaciones de la vida cotidiana y de la clínica del psicoanálisis. El punto es la operatividad de la castración, cuyo agente, vimos en el capítulo anterior, es el Padre Real. ¿Cómo paga el sujeto su salida del narcisismo? ¿Qué implica un duelo y cuál es el objeto del mismo? ¿Cómo se expresa el pago y el don en el psicoanálisis? ¿Cuál es el significante privilegiado en nuestra labor?

Narcisismo, Don y Duelo

Tomo el tema freudiano de tener o no tener y, a partir de allí, si se puede o no dar. Resultan cuatro posibilidades, como ha señalado Lacan. Las dos primeras: dar lo que se tiene, en el terreno de la potencia; o no dar lo que se tiene, que circunscribe el horizonte de la frustración de amor. En ambas lo que solemos denominar capricho del Otro.

Estas dos fórmulas, complementarias, definen al amor en su faceta narcisista, objeto de las más intensas idealizaciones y mistificaciones. Una de ellas: la fantasía obsesiva de oblatividad que los analistas franceses describieron para su ideologización. Lacan fue muy crítico de esta noción. Se ha encargado en su obra en destacar que la generosidad del filántropo, del reformador, del idealista implican agresividad y subordinación. Detrás de la aparentemente "genuina" donación se espera un reconocimiento y un control del otro. El oblativo pasará a cobrar, pues se trata de cálculos y negocios más o menos desembozados.

¿Cómo aparece el amor narcisista en el psicoanálisis? En ese fenómeno que inicialmente, para Freud, fue un estorbo: la transferencia. Lacan la redefinió como engaño del amor, intento de ocultación de un deseo (del Otro) angustiante. La ilusión de intersubjetividad que propone y la insatisfacción terminal a la que se arriba son expresión de la relación especular.

El analizante ama (u odia) para ser amado (u odiado) ansiando reconocimiento. Es un don interesado. Amando al Ideal que el analista encarna conseguirá la restitución de su imagen en falta, es decir, la identificación idealizante al analista. El tema del acting-out, es decir, el agieren freudiano y su resistencia ilustran el punto de los escollos en la cura.

¿Qué busca este amor? Las deudas inmanejables del deseo son reducidas a heridas que se intentan saldar con una retribución, se trate de favores amorosos, económicos o espirituales. Las negociaciones deben ser "equitativas". El temor constante del oblativo es el mal negocio, el quedar pagando, el perder en la negociación. El sacrificio aparente espera retribución posterior. De allí la dimensión del interés. Pido (o doy) que me pidan (porque daré), pero entonces me deben. Porque el Otro indudablemente ... debe dar lo que tiene.

Es claramente un logro importante de un psicoanálisis la introducción de una tercera fórmula. Dura de atravesar, abre hacia una dimensión muy distinta. Se trata de no dar lo que no se tiene. Se introduce una asunción de la dimensión de lo imposible como tal, apaciguando al imaginario preponderante en las dos anteriores.

Digo que el deseo inconciente tampoco Ase tiene y que su apropiación subjetivada es un pasaje crucial en la cura. El eje de la subjetividad ha pasado del narcisismo a la instancia del deseo, que interpela al sujeto.

Estamos en el trabajo de duelo

El lector intuirá una cuarta fórmula, que es dar lo que no se tiene, a primera vista paradójica. Es ésta la del amor no-narcisista, que tantas discusiones genera. La clínica muestra que es imprescindible postularla para entender la constitución del sujeto del deseo.

Contrapongámosla a lo anterior: no se gana nada, el favor no es equitativo sino gratuito, es un gesto hecho porque sí. No se trata de dinero o de goce sexual: no depara satisfacción pulsional. En la escena no hay frustración ni agresividad posibles: los hechos acontecen o no... y el resultado no es modificable. Incluso no es retribuible.

Ejemplos menores: sabemos lo incordioso que es olvidar algo en un colectivo o en un taxi o que extraviemos un papel importante o una prenda de vestir cuando vamos apurados por la calle. Aquel que nos avisa en tales circunstancias, que evita esa pérdida, ejerce una cierta gratuidad del dar, no gana nada con hacerlo.

Voy más lejos: quien ayuda a otro a que emigre o que renuncie a una actividad compartida, en la que el donador aprecia la presencia del otro, pero donde es obvio que éste último no se encuentra ya cómodo, deseoso o directamente beneficiado. Sin detenerlo, legitimaB propicia su partida. Se juega de este modo aquí la capacidad de ceder, de renunciar. Pero no sólo, pues hay don activo.

Se podrá decir que en estos ejemplos hay ínsita una identificación narcisista: me duele en él, al verlo perder algo, lo que me dolería a mí en su lugar. ¿Valdría como modalidad socializada del altruismo, de buenas acciones típicas del boy-scout? Creo que esta identificación es más compleja y no implica exclusivamente beneficio fálico. Es decir, no la consideremos una muestra más de caridad cristiana: vale la pena destacar en ella otro sesgo, que llamaríamos juntura en el dolor entre semejantes. Se sitúa en un sentido opuesto al de la codicia e implica una humanidad no imaginaria, morigerada no sólo por lo simbólico sino por el enclave real más radical.

Este acto contingente recorta al sujeto del otro, instalando una disparidad subjetiva: quedan irremisiblemente abismados. Pero contactados por un instante en ese hueco fugitivo de la existencia. Se produce un signo de amor.

Como se ve, el duelo de la tercera fórmula es la contracara del amor de la cuarta. Antes se expresaba la potencialidad creadora-mortífera del deseo. Ahora en su seno el amor como don habita: hay metáfora creacionista en estado puro.

La intrincación es porque la tercera fórmula deja el terreno yermo, pero listo para la cuarta: desde lo imposible el amor florece renovado, elevando la potencia del sujeto.

Lacan comenta en su Escrito sobre el Espejo: el amor --- como cesión --- corta de tajo el nudo --- el empaste transitivista --- de servidumbre imaginaria --- la reciprocidad de los dos yoes ----, dejando un saldo de vacío, dentro del cual una aura de encuentro celebra la potenciación del deseo.

Si el engaño amoroso es nudo resistencial, el Deseo del Analista es corta la dependencia del analizante a la Demanda del Otro, reconduciéndolo a subjetivar su goce pulsional.

El tema del dinero y el acto: pago y cobro en psicoanálisis

Pensemos las relaciones entre el acto de amor y de pago. La moneda es un elemento que puede llegar a significar, para empezar, dos cosas:

1°) Puede representar un medio de intercambio, parametrizando el valor y la equivalencia --- como lo hace el patrón fálico ----. Ser un sostén de la compraventa de los bienes y de la reglamentación de los trueques. Ser el gran distribuidor por el que las cosas valen lo que valen de acuerdo a los movimientos de un mercado, con su resultado de saldo cero al final de cada transacción ---- en el horizonte comercial de trata de ganar lo máximo y perder lo mínimo, y Asi salimos hechos la maniobra no costó nada -----. En todo caso, nunca hay duelo o pérdida pura, sino perjuicio económico o beneficios al término de cada operación.

2°) Puede funcionar como marca de ese acto significante que llamamos pago, fundando la posibilidad actual de un deseo. Implica un duelo, es la confesión de una disponibilidad del sujeto --- dirigida hacia lo Otro --- que anida en él. Cada cesión ---- como cada sesión ---- siempre cobra su objeto --- no es el analista el que cobra, pues sólo está allí para hacer pagar ----... que se pierde irrecuperablemente en cada trayectoria pulsional.

Por supuesto que estas dos dimensiones se yuxtaponen, produciéndose deslizamientos de sentido --- incluso contradicciones --- en las diversas estrategias de la neurosis:

1°) Muchos sujetos se desprenden burocráticamente del dinero para no pagar con su deseo, tapan las demandas no abriéndose hacia ningún elemento que signifique una verdadera pérdida. Ese pagar no los afecta y, si se quejan, es por lo elevado del costo y no por la angustia.

2°) Otros sólo creen que no pagando nada de lo que reciben ---- atesorándolo --- ni de lo que dan --- custodiándolo ---- se confirma el valor de sus actos. Vemos que la retención y su contrapartida, la expulsión ---- cuestiones ligadas a lo más imaginario de la analidad ----, son distintas a la cesión de un objeto que caracteriza al duelo.

3°) Algunos sujetos quieren pagar adelantado para anular toda sorpresa posible y mantener endeudado y controlado al analista.

4°) Otros no quieren pagar vez por vez porque resta afectividad al encuentro.

5°) Algunos pagan, buscando que no les cueste analizarse, muy poco o demasiado.

6°) Unos pueden hablar sólo si no deben nada, mientras otros se endeudan periódicamente, para pagar más tarde en bloque y obtener un lugar más aliviado --- recreado en cada ocasión ---- para su palabra.

Es decir, nos enfrentamos a múltiples conflictos sintomáticos con el dinero, que no son solamente producto de las dificultades económicas.

Por otro lado, este modelo neurótico-especulativo, encuentra en el psicoanálisis su correlación teórica en el aspecto llamado económico ---- no casualmente ----, tópico que a Freud le pareció fundamental desarrollar. Estamos hablando de las cuestiones ligadas a las investiduras, que son, propiamente hablando, Ainversiones energéticas que el sujeto realiza. Auténticos balances amorosos que el sujeto contabiliza desde y para los intereses del Yo.

Entonces en el predominio de la oblatividad económica el énfasis está puesto sobre el dominio yoico, no sobre el deseo inconciente. El amor es un aparato de agresión velada. Por eso, la justicia aparece como la salvaguarda de la agresividad. Cuando ya no la hay, los novios se separan o los socios se distancian. Se produce la equitativa devolución y repartición de los objetos y valores.

De todos modos, pese a estas intencionalidades y resguardos paranoides, existen sin embargo momentos amorosos irrepetibles que no se pueden devolver, que "no se pagan con nada", por más que los ex-amantes lo pretendan. Momentos que sobreviven intersticialmente a los hechos del egotismo.

Balance es lo que propone el narcisismo, amor de mediciones. No hay lugar para la potencia de dar desde una falta. No hay espacio para amar desde lo que no se tiene, desde lo que se otorga a pura pérdida, cuando la Aretribución del afecto es imposible. Pues amor con resto perdido es amor ofrecido de sí (soi). Amor sin reintegro, amor-acto, sin el peso del pasado y sin esperanza futura, puro presente. Un duro e implacable instante: nada más.

Pasemos al segundo aspecto del uso del dinero. Si un sujeto insiste en solicitarle al analista sólo un servicio-de-pago-y-cobro, no hay instauración del amor de transferencia, pues no hay depósito del objeto fantasmático en la persona del analista. Ese sujeto cualquiera, en la consideración del todavía paciente, debe pasar a encarnar lo absoluto del deseo... instituyéndose entonces la dupla analista-analizante.

Es obvio que no se cambia de analista todos los días, pero sí se interconsulta a varios profesionales de la Medicina. El problema que enfrenta cada analista es entonces cómo diferenciarse especificándose.

¿Cómo no reducir el pago al cobro de un servicio, cómo ir más allá de una tarifa? Si el cobro y el pago son recíprocos y complementarios, los servicios se retribuyen solamente gracias al equilibrio. Pero esto no es el pago simbólico en un análisis. Es confundir el pago con una función social, que se complementaría con el cobro del analista. El sujeto piensa que si paga es porque el analista cobra. Sitúa el acto de pago en el eje de la relación especular. Por ello protesta: si le duele pagar... es porque al analista le gusta cobrarle. Esta es meramente la dimensión imaginaria (social) del pago.

Aquí el dinero tiene valor de intercambio equitativo, ingresa en la dupla falo-castración imaginarizadas, en la disputa sobre quién es el fálico que recibe el objeto y quién el castrado que termina perdiéndolo en ese enfrentamiento. Como siempre cierta imparcialidad tarifaria atempera los ánimos exaltados.

El pago simbólico es otra cosa. El pago es marca de la castración simbólica, es signo de la instauración de un lugar, alojamiento para la palabra que, de este modo, se abre a una zona de interpelación del sujeto. El acto de pago en psicoanálisis no implica una operación comercial. Si bien aceptamos que vivimos en sociedad y que el psicoanálisis también es una profesión, un medio de ganarse la vida, ésta no es la dimensión analítica de la cuestión.

En el pago se instaura un pacto de posibilitación de la palabra, del que cada cual debe apropiarse. En el análisis, de este modo, el pago debe operar enmarcando un acto castrativo. Entonces, instituida esta dimensión se posibilita la interpretación, que se ubica más allá de la alternancia de presencias y ausencias concretas y físicas -----por eso se pagan las ausencias en análisis, como marca del pacto y no por necesidad económica del analista ----.

La cuestión es cómo trabajar para que el pago pierda su valor de ecuación distributiva. Ir más allá de que el analista necesite o no el dinero --- puede haber recibido una herencia importante o puede necesitarlo imperiosamente para pagar cuentas del consultorio ---. ¿Cómo hacer para que en un análisis el dinero tome otro valor, mudo y constante, que no sea el chisporroteo transferencial exaltado de las significaciones fálicas? El acto repetido del pago legaliza la secuencia de la transferencia.

Apuntemos un último tema: si esto ha ocurrido plenamente... se ha instalado en el horizonte la posibilidad del paso terminal, que es ir más allá del pago mismo, cuando ya no haya nada que pagar, pues la deuda del deseo es impagable. Esto atañe no al inicio del análisis, sino a su final, cuando el analista semblanteará la caída de ese objeto donado por el analizante, causa de deseo que él desconoce, y que revelado, ahora se pierde.

Llegar a ese lugar posibilitante del corte definitivo no se logrará mediante una dimensión de la ley que opera sólo según "justicia". La castración como operación sobre lo imposible correlaciona otro aspecto de la función paterna con la posición del analista. No se tratará de la acción del Padre Simbólico, repartidor de las frustraciones cotidianas, posición que el analista no debe ocupar, sino del Padre en tanto agente real de la castración.

Algún día esta instancia se disuelve y el analista resta como un impermeable viejo (Lacan), que ya no tiene sentido usar. Ha quedado fuera del valor de cambio.

No se reprime sino que se olvida, lo cual habilita un espacio para la renovada memoria del deseo.

CAPÍTULO 9

Dinero, sexo y rechazo al Psicoanálisis

Vamos a ligar rechazo al psicoanálisis con la repetición. Ya Freud en Más allá del Principio del Placer presentía las razones del oscuro temor de ciertos sujetos para entrar en un análisis: la posibilidad de repetir demoníacamente algo que avizoraban intuitivamente. Es decir, extimamente, pues algo ajeno pero muy íntimo devendría... escenario siniestro. El rechazo al psicoanálisis se presenta allí como el reverso de la osadía freudiana: me refiero a aquella de "convocar a los demonios".

La juntura sexo-dinero

Me circunscribiré a un determinado tipo de pacientes ---- adrede no digo analizantes --- y digo "tipo" pues al menos solicitaron una consulta justamente tres sujetos de similares características. En ellos la juntura sexo y dinero, es decir, alguna forma de lo que llamamos degradación de la vida amorosa masculina, fue un tope para la instalación de la transferencia. El fantasma poseía en todos una fijeza por demás particular: invasiva y exclusivista, sin espacio para una pregunta sostenida.

La impresión general es casi calcada: se trata de hombres que nunca quisieron emprender un análisis anteriormente. Sólo el monto de angustia o la presión de terceros los impulsaba a llamar a un analista para intentarlo.

Sujetos en general desocupados (o casi), dependientes del dinero de su padre, suegros y/o abuelos. Con un peculiar ensimismamiento mental, aunque capaces de enamorarse de una mujer, al mismo tiempo siempre tentados de obtener mediante pago alguna forma de satisfacción sexual.

Veamos una viñeta clínica ahora de uno de ellos, porque en una escena se mostró toda la incandescencia de lo que quiero trabajar. Lo que acababa de presentarse en su vida ---- justamente empezadas, a regañadientes, las entrevistas preliminares ---- era una situación espantosamente sufriente para él.

Como en los otros casos hay un perfil nítido de comportamiento en relación a la sexualidad. Son hombres hipererotizados: viven en un estado "calenturiento", atentos a todas las mujeres de su entorno, "catando" su atractivo. La silueta femenina como tal los imanta y refracta en deseos múltiples. Una aclaración: este alto grado de sensualización no implica un despliegue sexual sostenido ni mucho menos. Su sexualidad avanza de tropiezo en tropiezo.

Los tiempos del Fantasma

Vayamos a la escena-tope ---- en el sentido de trabazón --- de la instalación de una transferencia operativa, es decir, donde el saber se supone y no debiera actuarse cerradamente. Ella nos permitirá concentrarnos en un tópico clínico. Considero que la escena contiene tres tiempos y estos definen la escenografía fantasmática.

Tiempo primero: la esposa de este paciente se muestra algo distante y apagada, a partir de sucesivos distanciamientos donde él no la ve por semanas, debido a supuestos emprendimientos laborales, todos referidos a su padre, quien le promete algún éxito económico futuro. Unos días después de un extenso alejamiento, concurren juntos a una fiesta. Cada uno deambula por su lado y ella traba un diálogo con un hombre seductor, conocido lejano de la pareja, que está separado hace unos meses. Es conocido por su donjuanismo. Ella revive por primera vez en semanas y conversa con él muy animadamente. El marido capta ---- o más bien, habrá sido que captó, con un sentido de posterioridad --- que a ella se le ha encendido un deseo. El hombre le ha gustado y la situación le resulta encantadora.

Pero el esposo no dice nada, no interviene, no siente celos, niega lo que ve y se mantiene apartado, digamos, en la suya --- fisgoneando otras mujeres de la reunión, como de costumbre ---. Por otro lado, hay algún ligero antecedente con respecto a este Don Juan, en el tono de algún piropo algo zafado que le hizo a la esposa del sujeto algunos años atrás. Como sea, éste ha captado subliminalmente un mensaje que no ha atendido lo suficiente: hay un deseo de ella que se ha desplegado delante de él: él sabe --- sin saber --- del deseo de ella. El sabe que ella desea otra cosa: es un deseo que no necesita ninguna confirmación. Ese punto de saber certero lo ha golpeado durante un instante --- o varios ---- durante la reunión y él lo ha descartado. No ha querido ver sus señales. Ella, por su lado, sabe aún menos (conscientemente) lo que le pasa. Pero le pasa.

A partir de allí: viene un tiempo muerto de silencio, lento e interminable, sobre el tema, como la calma que precede a una tormenta. No obstante ella recuerda en los desayunos cada tanto algún comentario referido a este tercero. Comentarios que son signos, todos referidos a lo dialogado esa noche. Su marido calla, no pregunta, la deja hablar. No hay interrupción o pregunta... ni enojo alguno. No sale al cruce, no actúa. Sólo un tiempo de suspenso. Algo se anticipa en silencio, con advertencias que brillan por lo no dicho más que por lo dicho, que es banal. El tiempo del deseo ya aconteció en la fiesta, en este tiempo sin brillo para él: sólo se recuerda lo que no se quiso escuchar.

Más tarde dirá: "¿dónde estuve yo durante ese tiempo?" De este lapso es que hablará luego sin parar, desesperado durante las semanas de intento de entrar en análisis, pero también interrogándola a ella sobre lo que él mismo sabía...y más aún. Como sea, esos avisos matutinos son desoídos durante un mes, hasta que de golpe la mujer deja de hablar del otro sujeto. Ahora el silencio es verdadero y pesado, se avizora --- prematuramente, pero demasiado tarde --- el golpe de la realidad.

Tiempo segundo: dos días después de ese silencio tan distinto el hombre se despierta de su ensimismamiento: tiene una intuición extraña y perentoria. Pues tras una salida de su señora ---- algo confusa y motivada por una cena improbable --- le pregunta dónde es que "salió anoche hasta tan tarde". Ella miente mal, culposa pero también provocativa. Él le adeuda tanta desatención con respecto a la fiesta de hace un mes... El insiste desaforadamente. Ella confiesa un encuentro con este sujeto, así como que le gusta realmente mucho en el plano erótico y que en esa salida terminó casi "apretando" con él... No pasó "casi" nada, insiste y no quedará nunca muy claro que será ese casi, si un mero tejido de fantasías o un solapado momento de fuerte intensidad.

El mundo subjetivo del analizante se derrumba. Se parte al medio en ese instante eterno de angustia.

Creía estar reaccionando a tiempo y llegó un mes... y dos días después.

A partir de allí él no imagina nada, no hay nada qué averiguar, un vacío mental casi desértico da cuenta de las mil versiones contradictorias que ella le ofrece, que él casi no escucha y que no "contienen" --- ni contendrán ---- nada de lo ocurrido. Ella aprovecha y lo lastima. Ninguna excitación es posible para él, sólo hay angustia en estado puro. Arrasamiento. No hay trabajo psíquico posible sobre esa cita, verdadero agujero negro en el saber. El no va "allí" para pensar nada. No importan los detalles de lo qué pasó, sino dónde estaba él, lejos de sí mismo.

Pero entonces allí no se responsabiliza --- en sentido analítico --- de lo ocurrido a partir de esa pregunta por su lugar, ni se compromete --- durante un tiempo más depresivo, tal vez típicamente misógino, quizás tanguero y/o alcoholizado, por poner ejemplos ---- a reconstruir alguna causación que lo implique. El rechazará el análisis y se dedicará a actuar una escenografía nueva que lo aleje del trabajo analítico.

Tiempo tercero: hay una ligazón bidireccional entre los dos tiempos precedentes, contiguos y enhebrados. Pero ahora sí hay una especie de corte con ellos en este tercer momento. Hay un salto hacia otra región. El fantasma revelará su función de parche y se verá que el proceso también implica una (re)negación de la castración.

Por lo pronto, se separa de su mujer. El residuo sentimental es la desconfianza generalizada hacia las mujeres. Solitario y sintiéndose abandonado se consagra a su teatro privado, pero no lo analiza. No se vuelve tímido o un paralizado, al contrario, está lanzado a la acción.

En su teatro ahora el sujeto es ojo, director de escena, inventor de una escenografía. Este momento es el de la excitación interminable. Comienza a salir con prostitutas, pero no puede tener contacto con cada una de ellas más de una vez. No encuentra satisfacción en el coito con ninguna, salvo si fantasea siempre la misma escena repetida, donde su ex esposa es sólo carne, vitualla dispuesta, objeto de goce instintual de un hombre dominador.

Está claro que es un tiempo --- en el fondo ---- masturbatorio: extrae placer, no de los cuerpos hipersensualizados, sino de la escena que ha construido para recrear en su mente, aun cuando esté acompañado en un lecho. Ingresa en cada elucubración mediante un clima casi oniroide, reiterado, como si fuera una adicción, buscando el mismo gozo orgásmico breve e insaciable. Busca hasta el infinito --- incluso más de una vez por día --- un repetido no-corte de un no-placer hiriente, sufriente.

El pago del Padre

¿Cuál es el punto resistencial que impide la entrada en análisis? Los gastos de los burdeles y del análisis los debe, compulsivamente ahora, pagar su padre pues, al fin y al cabo, él le ha enseñado que "en la vida todo se puede comprar". Pero estos dos gastos son, ambos, incompatibles e inversamente proporcionales.

Por otro lado, si el padre se niega a aportar dinero, él amenaza desbarrancarse en su salud, especialmente física. Cada vez que hay conflicto con su padre, el paciente vibra y se despeña en la angustia: lo ocurrido no tiene la mensura económica que su progenitor creía. Las entrevistas se interrumpen una y otra vez en un errático zigzagueo.

Pero, en cambio, si el padre aporta "suministros", el teatro privado gana terreno por sobre la subjetivización analítica, que retrocede hasta, al fin, languidecer. El dinero drena y drena, sin acto de pago. Si pensara, tras los años transcurridos, en mi dirección de la cura, tal vez debería haber interrumpido yo las entrevistas sin dejarlas desfallecer.

Vemos que así como no podía analizarse decididamente, este hombre tampoco alcanzaba a:

1°) Subjetivar un empuje sexual que lo enlazara a la castración, al corte orgásmico-sexuado, a la detumescencia final tras el estallido verdadero: no había pago-en-goce de su "deseo de castración" (Lacan). Algo no funcionaba en él en el momento del coito, como apropiación subjetivada de la pulsión en acto. En ese sentido, aunque tuviera sexo, todos sus coitus solían ser "interruptus".

2°) Como contracara de ese apronte decidido, un hombre ---- en posición viril y en un matrimonio monogámico más o menos clásico ---- no permitiría que seduzcan a su mujer en su presencia sin decir una palabra --- escena de la fiesta ---, menos que menos si esa seducción, introduciéndose por el hueco de una crisis velada de pareja, estaba siendo ostensiblemente efectiva.

3°) Por otro lado, al no tener una vocación clara, vivía ajeno al desenvolvimiento social y dependía cíclicamente del dinero de su padre. No sólo no pudo transferenciar en un pago simbólico (castratorio) un análisis, sino que terminó buscando una tarifa reglada, que no le otorgaba lo que, de todos modos, no era capaz de lograr en su pareja. Giraba en falso sin pago ni deuda.

Lo no sexuado tiene entonces una triple cara fallida: así como no hay rostro sexual en la satisfacción plena del acto, tampoco hay señal de angustia en relación a la pérdida del objeto que siente que le corresponde por derecho propio; por otro lado, no hay pago por su deseo que se le desvía en la mera equidad del dinero y del devaneo masturbatorio disimulado. No hay goce sexual, no hay enojo participativo, no hay cesión en el pago.

Por ese hueco de lo no vivido se filtra lo que llamo el fantasma en el borde de la neurosis, en su juntura con la repetición.

En realidad no podemos hablar de "ausencia" de fantasma sexuado, sino de su fracaso puntual y su reabsorción en el fantaseo repetitivo, escenográfico, degradado. Hay dos funcionamientos muy diversos del fantasma, pero no es ocasión de extendernos sobre este punto en esta comunicación.

Teorización del fantasma

Repasemos teóricamente los tres momentos que describimos clínicamente:

1) Un obsesivo "anticipar demasiado tarde" (Lacan), donde cede su mujer a otro hombre. Ese momento se instala en una atemporalidad infinita, irrecuperable, de ausencia subjetiva, sin corte histórico. No hay interrogación.

2) El instante traumático del golpe cuando se entera que ella ha sido tomada de algún modo --- aunque

sea mínimo ---- como objeto de goce posible, ante su propia pasividad. El golpe de la angustia parecía organizar, en esa misma perplejidad, un esbozo de posible pregunta.

3) Una sensación toxico-paranoide de que su esposa se le ha perdido sin saber cómo. Entonces ella se le fuga en cada mujer, asintóticamente, hacia la cadena infinita de los otros hombres, con un saldo de implantación de posible "neurosis de destino". El padre es su sostén económico, ahorrándole la subjetivación de la castración y el análisis deviene apuesta fallida. La pregunta se cierra como una puerta opaca, allí donde quizás nunca antes él quiso abrirla y sólo la realidad (por una vez) tocó el timbre brutalmente.

Unas palabras sobre el componente de neurosis actual. Si lo interruptus de los coitos recuerda la neurosis de angustia, el solapado desgano masturbatorio de su sexualidad indiscriminada nos lleva al cuadro de la neurastenia. Un residuo de excitación no liberado migra en su continuo errar por cuerpos de mujer. La hiancia que se establece, no permitiéndole llegar al orgasmo --- una forma de frigidez masculina ---, no sólo lo deja ofrecido al borde de la neurosis... también al borde del análisis, en el que no se instala.
Como se puede comprobar, en realidad, el dispositivo analítico --- neurosis de transferencia --- es el campo invertido de la opacidad neurótica (no transferencial) en el borde del fantasma sexual. Lo que llamamos transferencia negativa --- erótico-agresiva ---, estorbo aunque posibilitación si hay análisis, es la corriente sensual no conjugada con la tierna, escenificada en los diversos planos objetales como "degradación" a la salida del Edipo. Es lo que en un análisis

estalla en el máximo punto de la resistencia. Pero, al decir de Freud, no olvidemos, a veces evita directamente que empiece.

Sexo y dinero, cuando no están temperados por el Nombre-del-Padre, son los envases resistenciales de la lujuria no sexuada.

Capítulo 10

La estrategia del deseo en la fobia

La motivación de mi interés por el tema de las fobias parte de dos consideraciones distintas, pero complementarias, ya que ambas atañen al tema de la constitución del sujeto. Por un lado, comencé mi práctica psicoanalítica trabajando con niños, donde el cuadro sintomático --- especialmente las llamadas "zoofobias" ---- es harto frecuente; por otro lado, creo que la presentación clínica de la fobia en los analizantes adultos es bastante más importante de lo que se refleja en las diversas publicaciones sobre clínica psicoanalítica. De hecho, podemos constatar que hay mucha más bibliografía sobre las neurosis histérica y obsesiva que sobre el posicionamiento fóbico, es decir, sobre la estrategia prevenida del deseo.

Son muy diversos los matices que este cuadro clínico pone en juego que no están lo suficientemente elaborados. Para empezar la fobia no es universalmente considerada ---- Lacan fue contradictorio respecto a esto ----- como una estructura neurótica en sí misma. Los analistas no terminamos de definir si se debe considerar la fobia como una estructura o meramente como un síntoma, incluso si debiera ser pensada como una "placa giratoria", como gustaba decir el propio Lacan, de la que se puede "virar" hacia otros cuadros clínicos. Mi orientación personal es tomar la conceptualización de las estrategias del deseo, es decir, el deseo insatisfecho en la histeria, imposible en la obsesión y prevenido en la fobia, y partiendo de allí, empezar a pensar esos matices aún por dilucidar.

En este punto hay que destacar que, si bien hay una importante movilidad dentro las formas de presentación fóbicas; así como una fugacidad palpable en la instalación del posicionamiento subjetivo; también es cierto que la fobia se destaca por peculiaridades clínicas muy específicas.

El posicionamiento fóbico es totalmente distinto al de las otras neurosis, y es muy riesgoso llegar a orientar la dirección de la cura de un analizante, confundiéndolo, en este sentido, con un obsesivo o con un histérico. Pero aún más grave es llegar a confundir un acting-out ocasionado por un momento de angustia desatado dentro un cuadro fóbico con alguna modalidad de perversión. Ni que decir de confundir la "locura" angustiada, paranoide, escandalosa, de un fortísimo ataque de fobia o pánico con una auténtica psicosis.

Como sea, la relación al lenguaje, la presentación de la fantasmática, la implicación al síntoma, el modo de vivenciar la angustia, las peculiaridades de la identificación son todos ítems distintivos en el caso de la neurosis fóbica y, por lo tanto, el modo de leer su subjetividad por parte del analista también debiera serlo.

Ahora algunos aspectos del problema que intentarán enriquecer su conceptualización.

El Deseo del Otro en la fobia

Quisiera discutir primeramente un hecho que nos muestra la práctica con frecuencia: existe una especificidad muy característica del deseo materno en el sujeto fóbico, especialmente en los casos complejos.

Es decir, en la modalidad en que ha operado el deseo del Otro en su constitución de sujeto del deseo.

Se ha repetido que no hay perversión en la mujer. Si bien esto puede ser cierto ----es difícil encontrar un claro cuadro perverso en la clínica----, hay ciertos aspectos relacionables con la perversión que pueden vehiculizarse a través de la maternidad. En los pacientes fóbicos graves ---- me refiero a las agora-claustro-fobias, así como lo que actualmente se ha bautizado como "ataque de pánico" o, asimismo, en las neurosis (actuales) de angustia ---- se puede escuchar a nivel del Otro del sujeto una intensidad deseante siempre descarnada, a veces injuriosa, muy frecuentemente explotadora. Digamos, en síntesis, "sadiforme" en sus imperiosas solicitudes. Y allí, aunque no podamos hablar exactamente de perversión, operan mecanismos llamativos, que podríamos llegar a definir como "perversidad". Esto se complementa con la frecuencia en que el fuerte egocentrismo del sujeto materno lo hace insensible al reconocimiento del dolor --- imaginemos en este punto al sujeto en plena constitución subjetiva ---- que es capaz de provocar a través de sus exigencias insaciables.

Es decir, alguna direccionalidad de la demanda del Otro, ferozmente dirigida hacia el "uso" del sujeto en formación, operando sin los velos de la ternura, sin los velos fálicos, sin aquello que podría servir de pantalla ante un deseo tan "purificado", tan poco encubierto. Esto hace que ese supuesto "deseo del Otro" termine por hacer juntura con alguna dimensión de lo que merecería calificarse mejor como "Goce del Otro". Y citemos aquí a Ernest Jones, el biógrafo de Freud, que en su trabajo sobre las pesadillas define a estas como "fobias soñadas". Es decir, manifestaciones de la clínica netamente asociables al espectro de la clínica de la fobia.

Este goce consigue ---- y en esto nos recuerda la
operatividad de la perversión ---- que la división subjetiva quede depositada, aplastada fuertemente del
lado del sujeto. Es decir, la madre no queda ubicada
como quien entrega su falta, sino que es sobre el sujeto donde se "deposita" la división. Lo que lo deja, por
lo tanto, en un estado donde casi constante, precoz y
radicalmente se siente arrojado hacia el afecto de la
angustia, es decir, como un objeto sin recursos y separado del campo del Otro.

El fantasma en la fobia

Barrado y excluido, entonces, del campo del significante, y representando por lo tanto la diferencia
absoluta, la división subjetiva pura, es como encontramos a estos analizantes. Esto se ve en la práctica
cotidiana, donde podemos detectar una posición fantasmática muy típica, que me gusta llamar "titilante".
Así como las estrellas titilan, se encienden y se apagan
intermitentemente, el fantasma en el fóbico está todo
el tiempo fluctuando, variando, movilizándose desparejamente. Ello lo ubica en tal estado de fugacidad de
la demanda que le impide reencontrarse sólidamente
con su deseo en cada situación. No es que "dude" de
su deseo, sino que no sabe "dónde está" cuando precisamente se encuentra en una escena desiderativa.

Este lo acomete, lo inunda, lo desplaza sin aportarle una localización de sujeto. El sujeto "se comporta",
pero no puede significar su acto. Por ello en la fobia
predomina, ora la angustia, ora los miedos proyectados, pero siempre existe una inhibición en cuanto al
deseo entendido como acto.

Esta peculiaridad se refleja en la construcción del yo en la fobia. Es lo que en algunos textos ya he denominado "instancia narcisista desenfocada". Lo he descripto en la reunión dos de mi libro Amor y Perversión, a raíz de las deformaciones de la imagen corporal del paciente de la analista francesa Ruth Lebovici.

Así como hay fotos donde la silueta queda desdibujada porque hay un error en alguna de las mediciones, el contorno del yo, en la fobia, está difuminado, mal delineado, como si se vibrase y perdiese la nitidez. En síntesis, hay una pérdida de la transparencia en los bordes del Yo en la constitución del narcisismo.

Esto altera, obviamente, el lazo correspondiente con el semejante. Por lo cual se producen fenómenos de permeabilidad oralizada exagerada, como en los enamoramientos, donde el fóbico siente muy fácilmente que es invadido, penetrado, tomado, y esto genera un efecto de rechazo en relación al pequeño otro: una necesidad de mantener las distancias, sea como sea, con respecto a él.

La subjetividad fóbica

El posicionamiento de la fobia muestra con brutal pureza la inminencia de la constitución del sujeto: es una posición de umbral, donde el sujeto se manifiesta petrificado o golpeado por la proximidad de la barradura que lo tiene como efecto. Y clavado en ese instante donde la subjetividad entra en "fading", donde queda acotada entre dos significantes, habitando el intervalo entre los mismos, el fóbico se siente un objeto pasivo, zarandeado, vaciado, ajeno a toda escenografía imaginaria, desprovisto de cualquier forma posible de imaginar el mundo. Ésta es la cuestión arquetípica de la fobia.

En ese instante de constitución del sujeto, instante que normalmente debiera durar, precisamente, un "mero" instante, el tiempo se eterniza en la fobia, se extiende y no es un momento subjetivable para el yo, donde éste podría aprehender o apropiarse de lo que le está ocurriendo, con lo que podría decir en primera persona, "yo-soy-el-sujeto-que-quiere-esto". El fóbico permanece en un momento de vacilación anterior al que le permitiría decir ---- en primera persona del singular ----: "yo deseo.... tal cosa".

En efecto, ese proceso que desataría en el yo una apropiación de las pulsiones, no termina de acontecer, queda detenido, eternizado en su primer instante de constitución.

Un amplio campo clínico

El de la fobia es un campo tal vez más extendido que el de otras neurosis. No me refiero a las vicisitudes sociales --- que son inmensas también en la histeria y la obsesión ---, sino a la amplitud de su clínica desde el punto de vista de los matices de la subjetividad. Podemos abrir un arco que se tiende desde la neurosis de angustia, donde casi no hay posibilidades de sintomatología significante pasible de ser descifrada. Luego destacar las fobias a predominio espacial, las agorafobias, por ejemplo, o las fobias a las alturas, todas de objeto indeterminado, muy pegadas a la neurosis de angustia. Y recién después ubicar las fobias puntuales, síntomas en el sentido clásico, donde existe el cristal arborescente de algún significante, llamado "fobígeno"; donde se transmuta la angustia en esa forma de defensa que nombramos usualmente como miedo. Aquí podemos, por supuesto, citar la fobia del "pequeño Hans", protagonista del historial freudiano, a los caballos.

Y volviendo al tema de la infancia puedo recordar que, en general, todos los pacientes famosos del psicoanálisis de niños fueron fóbicos: Richard, Hans, "The piggle", etc., etc. He explicado esto en mi libro El caso Hans. Lectura de Freud.

En la infancia, entonces, son muy frecuentes las fobias, y cuando no son demasiado graves, desaparecen solas. En general, los análisis de niños, salvo excepciones, son exitosos y no son muy extensos, pues los síntomas se disuelven rápidamente. Esto es porque en la infancia tenemos esa facilitación que implica el juego, ese enmascaramiento, esa forma de velo, de pantalla, esa escenografía lúdica que siempre permite y llama a la movilidad de los contenidos: una forma de empezar a "apantallar" un poco la angustia. Winnicott decía que el juego es "aterrador", porque detrás de su telón no hay "nada", pero por eso mismo su valor de marco fantasmático lo hace más eficaz en la cura de un niño.

De todos modos debemos aclarar que si bien muchos de esos "miedos" inocentes suelen remitir en la mismísima infancia sin necesitar siquiera tratamiento, muchas veces terminan extendiéndose toda la vida y acoplándose a la existencia normal del sujeto como rasgos de carácter.

Volviendo al significante de la fobia, Lacan lo define diciendo que sirve "para todo uso", pivote desde donde se abre la posibilidad de una apertura descongelante del síntoma en el análisis. Sobre este significante girará toda la resolución de la misma crisis de angustia que desencadenó el síntoma fóbico. El significante fobígeno es polarizante de la significación, es un catalizador del desarrollo histórico-mítico que permitirá la "literalización" de la novela de cada sujeto que se oculta en su síntoma.

"Significante engrosado", como lo llama también, condensa y delimita un mundo suplementario cuando el significante del Nombre-del-Padre ha, al menos parcialmente, fracasado en definir la sexuación del sujeto.

Pero como un tema crucial es el de la estrategia del deseo en relación con la fobia, tenemos entonces chances de describir una posición en cuanto al deseo, sin que exista un síntoma concreto. Allí, el sujeto se ubicará siempre en una continua anticipación: no suscitando el deseo del Otro, aunque éste de continuo parezca estar "asomándose".

El diagnóstico diferencial de la fobia con las otras neurosis

No podremos extendernos todo lo que merecería el tema, pero señalemos algunos datos muy cruciales del diagnóstico estructural.

Hay un desarrollo de Lacan que, en realidad, va en la línea opuesta de pensar la fobia como un pasaje giratorio hacia alguna otra neurosis. Dice que, Hans, porque es un fóbico, característicamente no renuncia a la masturbación. En ningún momento a lo largo del historial freudiano, esto ocurre, pese a las diversas prohibiciones que padece. El sigue disfrutando del uso de su pequeño miembro. Es decir, en la epicrisis del caso Hans, Freud señala la cantidad, la ebullición de distintas mociones pulsionales, el hervidero de mociones pulsionales activas que subyacen en la dramática edípica de Hans.

Que esto quede después gobernado, parapetado, obstaculizado por distintas defensas, no quiere decir que el fóbico haya renunciado a sus deseos. El fóbico, en general, es alguien deseoso, pero como tiene un mal manejo, un manejo angustiante de sus impulsos, de su perentoriedad pulsional, retiene eso y se cobija en aquello que le brinda seguridad y en todo lo que le permite mantenerse en estado de ocultamiento. De allí que, en general, un fóbico puede ser alguien que se masturba continuamente, pero es porque está muy ligado a sus objetos de deseo.

En general los fóbicos en la clínica, y estoy pensando en un fóbico masculino, se ven rodeados de mujeres a las que desea con ardor, aunque él se comporte pasivamente con respecto a ellas. En realidad, anhela febrilmente disfrutar de todas ellas, aunque vele sus anhelos.

Tenemos entonces una diferencia crucial con la histeria masculina, donde es muy frecuente encontrar el tema de la impotencia y la denegación de la masturbación, es decir, la imposibilidad del uso del instrumento fálico. Como dice F. Perrier en un texto clásico, la impotencia es el síntoma más característico de la histeria masculina, y además, el histérico mantiene con las mujeres una especie de relación "homosexual" femenina, como si fueran "dos amigas". No está rodeado de muchas mujeres en tanto que seres deseables, solamente tiene muchas amigas y la relación es de una a una. Es una especie de amiga muy confiable para cada una de sus amigas. Esto en cuanto al diagnóstico diferencial entre fobia e histeria.

En cuanto a las diferencias entre neurosis obsesiva y neurosis fóbica, es típico del obsesivo cuando consigue acceder al objeto de su deseo, es decir, en el momento de poder satisfacerse con esa mujer, por ejemplo, a la que deseaba, que ésta ya no le interese tanto. El objeto "cae" como deseable cuando es pasible de provocar una satisfacción. Esto no ocurre en la fobia, el fóbico da muchas vueltas, merodeando al objeto de deseo, pero el día que se anima con "aquélla" que desea.... los resultados son espectaculares. No se diluye la consideración del objeto, todo lo contrario, es tomado por una especie de entusiasmo sublime: ha logrado al fin acceder al goce. El fóbico siente que ha revivido. Se ha encendido en plenitud. Esta es una típica diferencia entre un obsesivo y un fóbico.

Otra cuestión es que el obsesivo, como sabemos, muchas veces tiene una actividad uniforme sobre la cual se concentra, obsesiva, rígidamente. En cambio es muy típico de la fobia, tener una hiperactividad y una curiosidad intensas: el fóbico emergiendo de su posición de inactividad, se pone "contra-fóbico", como solemos decir, y realiza una cantidad de actividades variadas, sin estar demasiado en ninguna de ellas, pero "toqueteando" con respecto a todas ---- es lo mismo que le ocurre con respecto a las mujeres cuando se "activa" y deja de meramente espiarlas----.

La fobia, la perversión y el acting-out

Lacan, dijimos, consideró a veces a la fobia como una "placa giratoria", a partir de la cual se podría derivar hacia otras neurosis o, incluso, hacia la perversión. Realmente, no estoy tan convencido de ello, pues me parece constatar que los sujetos que tienen un posicionamiento fóbico se mantienen así durante todo el análisis; incluso los que han tenido importantes mejorías siguen experimentando peculiaridades de la fobia siempre sobre sus espaldas. Nadie abandona fácilmente una estrategia deseante. Por otro lado, no he apreciado nunca encauzamientos hacia el lado de la perversión en mi clínica.

Para empezar, el objeto fóbico se constituye por la articulación metafórica, como todo síntoma, mientras que el fetiche, Lacan lo describe bastante bien, se constituye por la vía metonímica. En segundo lugar, tomando una vez más el ejemplo del pequeño Hans, Lacan afirma también que jamás va a ser un fetichista. En mi último libro, Fobia en la enseñanza de Lacan he estudiado en detalle este tema.

De hecho durante todo el seminario de las Relaciones de Objeto contrapone el fetichismo a la fobia: los dos grandes objetos que estudia son el objeto fetiche y el objeto fóbico. No hay pasaje alguno, sino contraposición. Hay una incongruencia entre la idea de placa giratoria y todas estas breves, pero contundentes afirmaciones de Lacan.

Reafirmemos que aquí también hay que tener en consideración los modos del acting-out, pues un fóbico muy angustiado puede precipitarse constantemente hacia todo tipo de actuaciones --- tanto las peligrosas y contrafóbicas, como aquéllas donde la escenografía puede recordar ciertos temas "perversoides"-----. Pero esto no implica que se haya "instalado" una estructura perversa a partir de la fobia.

Como sea, no encontramos en la literatura analítica una diferenciación siempre clara entre la estructura perversa y el acting out, siendo cosas clínicamente muy distintas. Se suelen confundir muchísimo, por el predominio escenográfico y por ser respuestas ante la angustia en ambos casos. Aunque en una escena se detecten aspectos que se asemejen al contenido del acto perverso, y uno pueda suponer que el neurótico habitualmente no se entromete en esos terrenos más que en la fantasía, el aspecto transgresivo del acting out no es perverso en sí mismo, es un "artefacto transitorio", como gustaba llamarlo Lacan.

Y en el recorrido de la fobia, siendo muy fugaces, no instituyen "estructura". Más bien cabría la pregunta de si, aconteciendo en un análisis, no habría que revisar la dirección con que se está conduciendo esa cura en particular.

Se pueden discernir los antecedentes en el Seminario de las Relaciones de Objeto de un eje fundamental en la teorización de Lacan de la función paterna. Esta no pasa sólo por el tema del significante del Nombre-del-Padre, como en el seminario anterior sobre la psicosis, sino por las nuevas categorías de Padre Simbólico, Real e Imaginario.

La identificación en la fobia

Esta evanescencia, este desenfoque del yo produce ---- además de peculiaridades en el fantasma, en la relación con el ideal del yo, etc. ---- formas de identificación muy específicas, que son de una permeabilidad insoportable. Cuando se aproximan a sus semejantes, los fóbicos se sienten absorbidos de un modo feroz, y aclaremos que absorbidos, pero también absorbentes del otro. Al sujeto en cuestión se lo describe usualmente como alguien incapaz de vincularse, pero es también cierto que cuando entabla una transferencia es un adherente fiel, alguien que cronifica los lazos más allá de su propio deseo. Es decir, establece una transferencia sin corte.

Continuamente estos analizantes se refieren al sentimiento de que algún progenitor los "habita", sea la madre o el padre, sea vivo o muerto: ellos tienen a los padres "dentro" de su ser. Y recíprocamente se sienten objetos pertenecientes a la esfera de sus padres, que los poseen por entero. Hay un modo de transitivismo muy específico en la fobia, que no encontramos en otras neurosis. El "mundo" del fóbico, en su conjunto, lo "quiere" invadir, lo "quiere" contrariar, lo "quiere" usar y maltratar... etc. Por ello, para hacer algo "bien" hecho y en su beneficio --- ambas cosas ----, él siente que lo tiene que hacer solo. Y esto porque el otro, en realidad, está para ensañarse con su fantasma personal y abolirlo.

Hay que reparar cuidadosamente, entonces, en los aspectos paranoides del fóbico, porque angustiado y descompensado, se siente fácilmente perseguido por todo y por todos, y no hay por qué pensar que es un pre-psicótico que se está descompensando. Si él quiere estar seguro, aislado, lejano, apartado de toda escena de deseo, es porque está combatiendo su propia disposición "pegajosa", adhesiva, aquélla que lo dejaría inmerso, permeabilizado casi osmótica y obscenamente en el otro con excesiva facilidad. De hecho mantiene, cuando se enamora, una gran atención dirigida al control de los movimientos del semejante. Un fóbico puede llegar a ser extremadamente egocéntrico en sus solicitudes.

Este transitivismo tan pleno de fenómenos de intrusión de un yo dentro del otro, no tiene la concretud que se observa en la paranoia psicótica, donde se finaliza objetivando algún enemigo concreto --- y a veces tratándolo como tal ----. El otro del fóbico consigue tan sólo entrar dentro de su ser, desarticulándolo, evaporándolo, poseyéndolo, pero a nivel de sus vivencias. Esto desata escenas dolorosas, de tipo oral canibalístico, al modo de sentirse "devorado", engullido, desmembrado, estallado. O escenas ligadas a la envidia, por el odio "voraz" de los otros.

Toda esta intrusión nos obliga a pensar si no existe una mala constitución, no solo del yo, sino de los aspectos más arcaicos del cuerpo, aquellos que se instituyen y establecen en las etapas pre-yoicas, es decir, cuando el estatuto del cuerpo se vive en una indiscriminación interno-externa, cuando el cuerpo y el medio exterior son topológicamente una banda de moebius.

La figura paterna en la fobia

Para terminar, no quiero dejar de mencionar los matices que caracterizan al padre de un analizante fóbico. En términos generales, se trata de un padre cariñoso, un compañero fiel, bondadoso, aunque algo "asimilado" a su hijo. Y esto es muy claro en el famoso historial freudiano.

Reseño ahora algunas anécdotas curiosas, pues tenemos afortunadamente bastantes datos históricos del texto freudiano del "pequeño Hans" que nos servirán en este ítem. El verdadero nombre del muchacho era Herbert Graf y el de su padre Max. En el año 1972 le realizan un largo reportaje para la revista Ópera News ---- él, ahora, tiene setenta años y es un famoso director de escena de ópera ----. Allí se le revela al mundo quién había llegado a ser nuestro querido "pequeño Hans", es decir el usualmente llamado "Juanito".

Hans tenía una relación con su padre muy hermosa, sentía una admiración profunda que lo acompañó toda su vida. De hecho, en el historial se ve el vínculo de confianza sólida que hay entre ellos. El padre de Hans era un erudito musicólogo. Además, como ensayista, escribía sobre muy diversos temas: era un intelectual generoso en todas las ramas del saber, que se relacionó con grandes científicos, artistas y pensadores de su tiempo. Pero es notable cómo mantuvo con su hijo una relación tan admirable, pese a su inoperancia deseante con respecto a la madre. No obstante, Hans, todavía a los setenta años, poco antes de morir, seguía hablando con mucha emoción de su padre y sus relatos nos trasmiten una gran calidez.

Si recapitulamos sobre el historial, este padre aparece como un discípulo siempre fiel a Freud, "donándole" a su hijo en tanto que portador de un síntoma. Esto le sirve a Freud a los fines de comprobar sus teorías psicoanalíticas. Es cierto, además, que aún antes de que se desencadene el síntoma de la fobia a los caballos él ya había aportado una gran cantidad de material, sobre todo cuestiones pre-sintomáticas de tono lúdico ligadas a la fase genital infantil. Además, Freud no sólo recibía datos sobre este niño, sino que lo conocía muy bien, lo veía en su propia casa, así como le hacía regalos de cumpleaños.

¡A los cuatro años Freud le regala al niño un caballo de madera! También me he dedicado a reunir todos los datos y anécdotas disponibles sobre esta relación en otro capítulo de Fobia en la enseñanza de Lacan.

Recordemos asimismo que en el historial también se detalla una consulta concreta a Freud, donde se despliega un triángulo muy interesante entre los tres hombres. En otros fragmentos el padre intempestivamente pide asociaciones al niño y éste lo limita sabiamente, pues está jugando. En última instancia, de lo que se trataba es de anotar todo lo que él "decía" y "hacía", para mandárselo al inteligente "profesor". El niño detiene a ese padre, que es demasiado preguntón y le advierte sobre su mera función de "secretario de actas", por decirlo así, al servicio del Sujeto-supuesto-Saber. Expresa de este modo su clarísima inteligencia e intuición de lo que es un análisis.

Este historial nos trasmite entonces con detalle las peculiaridades de la posición paterna en el caso de la fobia. Pero aún más: es legítimamente uno de esos casos maravillosos donde el dolor del existir se hizo presente para todos nosotros a través de la pluma de Freud, especificándolo en una instancia clínica determinada. Resulta una patentización real, entonces ---- aunque particularizada ----, de un dolor más universal: el del sufrimiento neurótico.